Platon | Menon

Platon

Menon

Griechisch / Deutsch

Übersetzt und herausgegeben
von Gernot Krapinger

Reclam

RECLAMS UNIVERSAL-BIBLIOTHEK Nr. 14197
2021 Philipp Reclam jun. Verlag GmbH,
Siemensstraße 32, 71254 Ditzingen
Gestaltung: Cornelia Feyll, Friedrich Forssman
Druck und Bindung: Esser printSolutions GmbH,
Untere Sonnenstraße 5, 84030 Ergolding
Printed in Germany 2025
RECLAM, UNIVERSAL-BIBLIOTHEK und
RECLAMS UNIVERSAL-BIBLIOTHEK sind eingetragene Marken
der Philipp Reclam jun. GmbH & Co. KG, Stuttgart
ISBN 978-3-15-014197-7

www.reclam.de | info@reclam.de

ΜΕΝΩΝ
Menon

ΜΕΝΩΝ ΣΩΚΡΑΤΕΣ ΠΑΙΣ ΜΕΝΩΝΟΣ
ΑΝΥΤΟΣ

[70a] **ΜΕΝ.** Ἔχεις μοι εἰπεῖν, ὦ Σώκρατες, ἆρα διδακτὸν ἡ ἀρετή; ἢ οὐ διδακτὸν ἀλλ' ἀσκητόν; ἢ οὔτε ἀσκητὸν οὔτε μαθητόν, ἀλλὰ φύσει παραγίγνεται τοῖς ἀνθρώποις ἢ ἄλλῳ τινὶ τρόπῳ;

ΣΩ. Ὦ Μένων, πρὸ τοῦ μὲν Θετταλοὶ εὐδόκιμοι ἦσαν ἐν τοῖς Ἕλλησιν καὶ ἐθαυμάζοντο ἐφ' ἱππικῇ τε καὶ πλούτῳ, [b] νῦν δέ, ὡς ἐμοὶ δοκεῖ, καὶ ἐπὶ σοφίᾳ, καὶ οὐχ ἥκιστα οἱ τοῦ σοῦ ἑταίρου Ἀριστίππου πολῖται Λαρισαῖοι. τούτου δὲ ὑμῖν αἴτιός ἐστι Γοργίας· ἀφικόμενος γὰρ εἰς τὴν πόλιν ἐραστὰς ἐπὶ σοφίᾳ εἴληφεν Ἀλευαδῶν τε τοὺς πρώτους, ὧν ὁ σὸς ἐραστής ἐστιν Ἀρίστιππος, καὶ τῶν ἄλλων Θετταλῶν. καὶ δὴ καὶ τοῦτο τὸ ἔθος ὑμᾶς εἴθικεν, ἀφόβως τε καὶ μεγαλοπρεπῶς ἀποκρίνεσθαι ἐάν τίς τι ἔρηται, ὥσπερ εἰκὸς τοὺς [c] εἰδότας, ἅτε καὶ αὐτὸς παρέχων αὑτὸν ἐρωτᾶν τῶν Ἑλλήνων τῷ βουλομένῳ ὅτι ἄν τις βούληται, καὶ οὐδενὶ ὅτῳ οὐκ ἀποκρινόμενος. ἐνθάδε δέ, ὦ φίλε Μένων, τὸ ἐναντίον περιέστηκεν· ὥσπερ αὐχμός τις τῆς σοφίας γέγονεν, καὶ [71a] κινδυνεύει ἐκ τῶνδε τῶν τόπων παρ' ὑμᾶς οἴχεσθαι ἡ σοφία. εἰ γοῦν τινα ἐθέλεις οὕτως ἐρέσθαι τῶν ἐνθάδε, οὐδεὶς ὅστις οὐ γελάσεται καὶ ἐρεῖ· »Ὦ ξένε, κινδυνεύω σοι δοκεῖν μακάριός τις εἶναι – ἀρετὴν γοῦν εἴτε διδακτὸν εἴθ' ὅτῳ τρόπῳ παραγίγνεται εἰδέναι –, ἐγὼ δὲ τοσοῦτον δέω εἴτε διδακτὸν εἴτε μὴ διδακτὸν εἰδέναι, ὥστ' οὐδὲ αὐτὸ ὅτι ποτ' ἐστὶ τὸ παράπαν ἀρετὴ τυγχάνω εἰδώς.«

MENON SOKRATES EIN SKLAVE DES MENON
ANYTOS

[70a] *Menon.* Sokrates, kannst du mir sagen, ob die Tugend[1] lehrbar ist? Oder ist sie nicht lehrbar, aber durch Übung zu erlangen[2]? Oder ist sie weder eine Sache der Übung noch des Lernens, sondern kommt dem Menschen von Natur aus zu oder sonst irgendwie?

Sokrates. Menon, früher waren die Thessalier unter den Griechen berühmt und bewundert wegen ihrer Reitkunst und wegen ihres Reichtums, [b] heute aber, so glaube ich, auch wegen ihres Wissens, ganz besonders die Mitbürger deines Freundes Aristippos aus Larisa[3]. Das aber verdankt ihr dem Gorgias[4]; denn als dieser nach Larisa kam, erwarb er sich durch sein Wissen die Liebe der führenden Köpfe der Aleuaden[5] – zu ihnen gehört ja auch dein Liebhaber Aristippos – und ganz allgemein die der Thessalier. Und schließlich hat er euch auch daran gewöhnt, auf Fragen ohne Scheu und freimütig zu antworten, wie man es von Leuten erwarten kann, die [c] etwas wissen, denn auch er war ja bereit, jedem Griechen, der ihn etwas fragen wollte, ohne jede Ausnahme Rede und Antwort zu stehen.[6] Hier aber, mein lieber Menon, hat es sich ins Gegenteil verkehrt; das Wissen ist gleichsam vertrocknet und [71a] scheint aus unserer Gegend zu euch fortgezogen zu sein[7]. Wenn du einen hier so fragen willst, wird dich jeder auslachen und sagen: »Fremdling, du meinst wohl, ich sei in der glücklichen Lage, dass ich wüsste, ob die Tugend lehrbar ist oder auf welche Weise sie einem sonst zukommt. Ich aber bin so weit davon entfernt zu wissen, ob sie lehrbar ist oder nicht, dass ich nicht einmal weiß, was Tugend überhaupt ist.«[8]

[b] Ἐγὼ οὖν καὶ αὐτός, ὦ Μένων, οὕτως ἔχω· συμπένομαι τοῖς πολίταις τούτου τοῦ πράγματος, καὶ ἐμαυτὸν καταμέμφομαι ὡς οὐκ εἰδὼς περὶ ἀρετῆς τὸ παράπαν· ὃ δὲ μὴ οἶδα τί ἐστιν, πῶς ἂν ὁποῖόν γέ τι εἰδείην; ἢ δοκεῖ σοι οἷόν τε εἶναι, ὅστις Μένωνα μὴ γιγνώσκει τὸ παράπαν ὅστις ἐστίν, τοῦτον εἰδέναι εἴτε καλὸς εἴτε πλούσιος εἴτε καὶ γενναῖός ἐστιν, εἴτε καὶ τἀναντία τούτων; δοκεῖ σοι οἷόν τ' εἶναι;

ΜΕΝ. Οὐκ ἔμοιγε. ἀλλὰ σύ, ὦ Σώκρατες, ἀληθῶς [c] οὐδ' ὅτι ἀρετή ἐστιν οἶσθα, ἀλλὰ ταῦτα περὶ σοῦ καὶ οἴκαδε ἀπαγγέλλωμεν;

ΣΩ. Μὴ μόνον γε, ὦ ἑταῖρε, ἀλλὰ καὶ ὅτι οὐδ' ἄλλῳ πω ἐνέτυχον εἰδότι, ὡς ἐμοὶ δοκῶ.

ΜΕΝ. Τί δέ; Γοργίᾳ οὐκ ἐνέτυχες ὅτε ἐνθάδε ἦν;

ΣΩ. Ἔγωγε.

ΜΕΝ. Εἶτα οὐκ ἐδόκει σοι εἰδέναι;

ΣΩ. Οὐ πάνυ εἰμὶ μνήμων, ὦ Μένων, ὥστε οὐκ ἔχω εἰπεῖν ἐν τῷ παρόντι πῶς μοι τότε ἔδοξεν. ἀλλ' ἴσως ἐκεῖνός τε οἶδε, καὶ σὺ ἃ ἐκεῖνος ἔλεγε· ἀνάμνησον οὖν [d] με πῶς ἔλεγεν. εἰ δὲ βούλει, αὐτὸς εἰπέ· δοκεῖ γὰρ δήπου σοὶ ἅπερ ἐκείνῳ.

ΜΕΝ. Ἔμοιγε.

ΣΩ. Ἐκεῖνον μὲν τοίνυν ἐῶμεν, ἐπειδὴ καὶ ἄπεστιν· σὺ δὲ αὐτός, ὦ πρὸς θεῶν, Μένων, τί φῂς ἀρετὴν εἶναι; εἶπον καὶ μὴ

[b] Auch mir selbst geht es da nicht anders. In diesem Punkt bin ich genauso unbedarft wie meine Mitbürger und mache mir selbst Vorwürfe, dass ich von der Tugend gar nichts weiß. Weiß ich aber von etwas nicht, was es ist, wie könnte ich dann wissen, wie beschaffen es ist?[9] Oder hältst du es für möglich, dass jemand, der den Menon gar nicht kennt, weiß, ob er schön, reich und vornehm ist oder ganz das Gegenteil davon? Hältst du das für möglich?[10]

Menon. Gewiss nicht. Aber du, Sokrates, [c] weißt du wirklich nicht, was die Tugend ist? Und sollen wir das von dir auch bei uns zu Hause berichten?

Sokrates. Nicht nur das, mein Freund, sondern auch, dass ich, wie mir scheint, noch keinen anderen getroffen habe, der das wüsste.

Menon. Wie nun? Hast du denn nicht Gorgias getroffen, als er hier war?

Sokrates. Doch.

Menon. Und du hattest nicht den Eindruck, dass er es wusste?

Sokrates. Mein Gedächtnis ist nicht eben das beste,[11] Menon, so dass ich im Augenblick nicht sagen könnte, welchen Eindruck ich damals hatte. Aber vielleicht weiß er es ja, und du weißt noch, was er gesagt hat. Erinnere also [d] du mich daran, was er gesagt hat. Wenn es dir aber lieber ist, so sage es mit eigenen Worten, denn du bist ja schließlich derselben Meinung wie er.

Menon. Gewiss.

Sokrates. Lassen wir ihn also beiseite, zumal er ja nicht anwesend ist. Doch, bei den Göttern, was sagst du selber, Menon, dass die Tugend ist? Sprich und behalte es nicht für

φθονήσῃς, ἵνα εὐτυχέστατον ψεῦσμα ἐψευσμένος ὦ, ἂν φανῇς σὺ μὲν εἰδὼς καὶ Γοργίας, ἐγὼ δὲ εἰρηκὼς μηδενὶ πώποτε εἰδότι ἐντετυχηκέναι.

ΜΕΝ. [e] Ἀλλ' οὐ χαλεπόν, ὦ Σώκρατες, εἰπεῖν. πρῶτον μέν, εἰ βούλει ἀνδρὸς ἀρετήν, ῥᾴδιον, ὅτι αὕτη ἐστὶν ἀνδρὸς ἀρετή, ἱκανὸν εἶναι τὰ τῆς πόλεως πράττειν, καὶ πράττοντα τοὺς μὲν φίλους εὖ ποιεῖν, τοὺς δ' ἐχθροὺς κακῶς, καὶ αὐτὸν εὐλαβεῖσθαι μηδὲν τοιοῦτον παθεῖν. εἰ δὲ βούλει γυναικὸς ἀρετήν, οὐ χαλεπὸν διελθεῖν, ὅτι δεῖ αὐτὴν τὴν οἰκίαν εὖ οἰκεῖν, σῴζουσάν τε τὰ ἔνδον καὶ κατήκοον οὖσαν τοῦ ἀνδρός. καὶ ἄλλη ἐστὶν παιδὸς ἀρετή, καὶ θηλείας καὶ ἄρρενος, καὶ πρεσβυτέρου ἀνδρός, εἰ μὲν βούλει, ἐλευθέρου, εἰ δὲ βούλει, [72a] δούλου. καὶ ἄλλαι πάμπολλαι ἀρεταί εἰσιν, ὥστε οὐκ ἀπορία εἰπεῖν ἀρετῆς πέρι ὅτι ἐστίν· καθ' ἑκάστην γὰρ τῶν πράξεων καὶ τῶν ἡλικιῶν πρὸς ἕκαστον ἔργον ἑκάστῳ ἡμῶν ἡ ἀρετή ἐστιν, ὡσαύτως δὲ οἶμαι, ὦ Σώκρατες, καὶ ἡ κακία.

ΣΩ. Πολλῇ γέ τινι εὐτυχίᾳ ἔοικα κεχρῆσθαι, ὦ Μένων, εἰ μίαν ζητῶν ἀρετὴν σμῆνός τι ἀνηύρηκα ἀρετῶν παρὰ σοὶ κείμενον. ἀτάρ, ὦ Μένων, κατὰ ταύτην τὴν εἰκόνα τὴν [b] περὶ τὰ σμήνη, εἴ μου ἐρομένου μελίττης περὶ οὐσίας ὅτι ποτ' ἐστίν, πολλὰς καὶ παντοδαπὰς ἔλεγες αὐτὰς εἶναι, τί ἂν ἀπεκρίνω μοι, εἴ σε ἠρόμην· »Ἆρα τούτῳ φῂς πολλὰς καὶ παντοδαπὰς

dich, damit ich der glücklichsten Lüge überführt bin, wenn sich erweist, dass ihr, du und Gorgias, es wisst, während ich doch behauptet habe, ich sei noch nie jemandem begegnet, der es wüsste.

Menon. [e] Das ist ja nicht schwer zu sagen, Sokrates. Wenn du zuerst die Tugend des Mannes meinst, so lässt sich leicht sagen, dass sie darin besteht, dass der Mann fähig ist, die Angelegenheiten des Staates wahrzunehmen und dabei seinen Freunden Gutes zu tun, seinen Feinden aber zu schaden,[12] wobei er sich hüten muss, selbst keinen Schaden zu erleiden. Meinst du die Tugend der Frau, so ist es nicht schwer, sie zu beschreiben: Sie muss das Haus gut[13] verwalten, alles im Haus instand halten und dem Mann gehorchen.[14] Anders wieder ist die Tugend des Kindes, sowohl des Mädchens als auch des Knaben, oder die Tugend eines alten Mannes, und wenn du willst, die eines Freien und die [72a] eines Sklaven. Dann gibt es noch eine Vielzahl weiterer Tugenden, so dass man nicht in Verlegenheit[15] geraten kann zu sagen, was die Tugend ist. Denn für jede Tätigkeit und für jedes Alter gibt es bei jeder Aufgabe für jeden von uns eine Tugend und, wie ich glaube, Sokrates, auch eine Untugend.

Sokrates. Ich scheine ja vom Glück besonders gesegnet, Menon, da ich auf der Suche nach der einen Tugend gleich auf einen ganzen Schwarm von Tugenden gestoßen bin, der sich bei dir niedergelassen hat. Aber, Menon, wenn du, um bei dem Bild [b] von den Schwärmen zu bleiben, auf meine Frage nach dem Wesen[16] der Biene gesagt hättest, es gebe zahlreiche, ganz verschiedene Bienen, was würdest du mir antworten, wenn ich dich weiter fragte: »Meinst du, dass sie sich aufgrund dieser Vielzahl und Verschiedenar-

εἶναι καὶ διαφερούσας ἀλλήλων, τῷ μελίττας εἶναι; ἢ τούτῳ μὲν οὐδὲν διαφέρουσιν, ἄλλῳ δέ τῳ, οἷον ἢ κάλλει ἢ μεγέθει ἢ ἄλλῳ τῳ τῶν τοιούτων;« εἰπέ, τί ἂν ἀπεκρίνω οὕτως ἐρωτηθείς;

ΜΕΝ. Τοῦτ' ἔγωγε, ὅτι οὐδὲν διαφέρουσιν, ᾗ μέλιτται εἰσίν, ἡ ἑτέρα τῆς ἑτέρας.

ΣΩ. [c] Εἰ οὖν εἶπον μετὰ ταῦτα· »Τοῦτο τοίνυν μοι αὐτὸ εἰπέ, ὦ Μένων· ᾧ οὐδὲν διαφέρουσιν ἀλλὰ ταὐτόν εἰσιν ἅπασαι, τί τοῦτο φῂς εἶναι;« εἶχες δήπου ἄν τί μοι εἰπεῖν;

ΜΕΝ. Ἔγωγε.

ΣΩ. Οὕτω δὴ καὶ περὶ τῶν ἀρετῶν· κἂν εἰ πολλαὶ καὶ παντοδαπαί εἰσιν, ἕν γέ τι εἶδος ταὐτὸν ἅπασαι ἔχουσιν δι' ὃ εἰσὶν ἀρεταί, εἰς ὃ καλῶς που ἔχει ἀποβλέψαντα τὸν ἀποκρινόμενον τῷ ἐρωτήσαντι ἐκεῖνο δηλῶσαι, ὃ τυγχάνει [d] οὖσα ἀρετή· ἢ οὐ μανθάνεις ὅτι λέγω;

ΜΕΝ. Δοκῶ γέ μοι μανθάνειν· οὐ μέντοι ὡς βούλομαί γέ πω κατέχω τὸ ἐρωτώμενον.

ΣΩ. Πότερον δὲ περὶ ἀρετῆς μόνον σοι οὕτω δοκεῖ, ὦ Μένων, ἄλλη μὲν ἀνδρὸς εἶναι, ἄλλη δὲ γυναικὸς καὶ τῶν ἄλλων, ἢ καὶ περὶ ὑγιείας καὶ περὶ μεγέθους καὶ περὶ ἰσχύος ὡσαύτως; ἄλλη μὲν ἀνδρὸς δοκεῖ σοι εἶναι ὑγίεια, ἄλλη δὲ γυναικός; ἢ ταὐτὸν πανταχοῦ εἶδός ἐστιν, ἐάνπερ ὑγίεια [e] ᾖ, ἐάντε ἐν ἀνδρὶ ἐάντε ἐν ἄλλῳ ὁτῳοῦν ᾖ;

ΜΕΝ. Ἡ αὐτή μοι δοκεῖ ὑγίειά γε εἶναι καὶ ἀνδρὸς καὶ γυναικός.

tigkeit auch in ihrem Bienen-Sein voneinander unterscheiden, oder unterscheiden sie sich darin[17] gar nicht, sondern in etwas anderem, etwa in ihrer Schönheit, Größe oder in sonst etwas Derartigem?«[18] Sag, was würdest du auf diese Frage antworten?

Menon. Ich würde sagen, dass sich eine von der anderen gar nicht unterscheidet, insofern sie Bienen sind.

Sokrates. [c] Wenn ich dann sagte: »Sage mir noch Folgendes, Menon: Das, worin sie sich nicht unterscheiden, sondern alle gleich[19] sind, was ist das deiner Meinung nach? Du könntest es mir doch sicher sagen?«

Menon. Gewiss.

Sokrates. Genauso ist's auch mit den Tugenden. Auch wenn es viele ganz verschiedene gibt, so gehören sie doch alle zu ein und derselben Gestalt[20], aufgrund derer sie ja Tugenden sind. Auf diese sollte derjenige sein Augenmerk richten, der auf diese Frage antworten will, um klarzumachen, [d] was die Tugend eigentlich ist. Oder verstehst du nicht, was ich meine?

Menon. Ich denke schon; allerdings begreife ich deine Frage nicht so, wie ich es gerne möchte.

Sokrates. Glaubst du, Menon, dass es nur bei der Tugend so ist, dass sie beim Mann eine andere ist als bei der Frau und bei allen anderen, oder dass es ebenso auch bei der Gesundheit, bei der Größe und bei der Stärke ist? Scheint dir die Gesundheit des Mannes eine andere zu sein als die der Frau? Oder ist nicht überall die Gestalt dieselbe, wenn es um die Gesundheit [e] geht, egal ob bei einem Mann oder bei sonst jemandem?

Menon. Die Gesundheit von Mann und Frau scheint mir allerdings dieselbe zu sein.

ΣΩ. Οὐκοῦν καὶ μέγεθος καὶ ἰσχύς; ἐάνπερ ἰσχυρὰ γυνὴ ᾖ, τῷ αὐτῷ εἴδει καὶ τῇ αὐτῇ ἰσχύϊ ἰσχυρὰ ἔσται; τὸ γὰρ τῇ αὐτῇ τοῦτο λέγω· οὐδὲν διαφέρει πρὸς τὸ ἰσχὺς εἶναι ἡ ἰσχύς, ἐάντε ἐν ἀνδρὶ ᾖ ἐάντε ἐν γυναικί. ἢ δοκεῖ τί σοι διαφέρειν;

ΜΕΝ. Οὐκ ἔμοιγε.

ΣΩ. [73a] Ἡ δὲ ἀρετὴ πρὸς τὸ ἀρετὴ εἶναι διοίσει τι, ἐάντε ἐν παιδὶ ᾖ ἐάντε ἐν πρεσβύτῃ, ἐάντε ἐν γυναικὶ ἐάντε ἐν ἀνδρί;

ΜΕΝ. Ἔμοιγέ πως δοκεῖ, ὦ Σώκρατες, τοῦτο οὐκέτι ὅμοιον εἶναι τοῖς ἄλλοις τούτοις.

ΣΩ. Τί δέ; οὐκ ἀνδρὸς μὲν ἀρετὴν ἔλεγες πόλιν εὖ διοικεῖν, γυναικὸς δὲ οἰκίαν;

ΜΕΝ. Ἔγωγε.

ΣΩ. Ἆρ᾽ οὖν οἷόν τε εὖ διοικεῖν ἢ πόλιν ἢ οἰκίαν ἢ ἄλλο ὁτιοῦν, μὴ σωφρόνως καὶ δικαίως διοικοῦντα;

ΜΕΝ. Οὐ δῆτα.

ΣΩ. [b] Οὐκοῦν ἄνπερ δικαίως καὶ σωφρόνως διοικῶσιν, δικαιοσύνῃ καὶ σωφροσύνῃ διοικήσουσιν;

ΜΕΝ. Ἀνάγκη.

ΣΩ. Τῶν αὐτῶν ἄρα ἀμφότεροι δέονται, εἴπερ μέλλουσιν ἀγαθοὶ εἶναι, καὶ ἡ γυνὴ καὶ ὁ ἀνήρ, δικαιοσύνης καὶ σωφροσύνης;

ΜΕΝ. Φαίνονται.

Sokrates. Also wohl auch Größe und Stärke? Wenn eine Frau stark ist, dann wird sie doch aufgrund derselben Gestalt und aufgrund derselben Stärke stark sein? Mit »aufgrund derselben« meine ich: Es macht für die Stärke hinsichtlich des Starkseins keinen Unterschied, ob sie bei einem Mann oder bei einer Frau vorliegt. Oder meinst du, es gibt da einen Unterschied?

Menon. Gewiss nicht.

Sokrates. [73a] Bei der Tugend aber soll es hinsichtlich des Tugend-Seins einen Unterschied machen, ob sie bei einem Kind oder bei einem Alten, bei einer Frau oder bei einem Mann vorliegt?

Menon. Allerdings, Sokrates, scheint mir das nicht mehr mit den anderen Fällen vergleichbar zu sein.

Sokrates. Wie das? Hast du nicht gesagt, die Tugend eines Mannes bestünde darin, den Staat, die der Frau, das Haus gut zu verwalten?

Menon. Ja, das habe ich.

Sokrates. Ist es nun wohl möglich, den Staat, ein Haus oder sonst etwas gut zu verwalten, wenn man das nicht besonnen und gerecht tut?

Menon. Gewiss nicht.

Sokrates. [b] Wenn sie nun besonnen und gerecht verwalten, dann werden sie es doch mit Besonnenheit und Gerechtigkeit[21] tun?

Menon. Notwendigerweise.

Sokrates. Beide, sowohl die Frau als auch der Mann, brauchen daher, wenn sie gut sein wollen, dasselbe, nämlich Gerechtigkeit und Besonnenheit?[22]

Menon. Offenbar.

ΣΩ. Τί δὲ παῖς καὶ πρεσβύτης; μῶν ἀκόλαστοι ὄντες καὶ ἄδικοι ἀγαθοὶ ἄν ποτε γένοιντο;

ΜΕΝ. Οὐ δῆτα.

ΣΩ. Ἀλλὰ σώφρονες καὶ [c] δίκαιοι;

ΜΕΝ. Ναί.

ΣΩ. Πάντες ἄρ' ἄνθρωποι τῷ αὐτῷ τρόπῳ ἀγαθοί εἰσιν; τῶν αὐτῶν γὰρ τυχόντες ἀγαθοὶ γίγνονται.

ΜΕΝ. Ἔοικε.

ΣΩ. Οὐκ ἂν δήπου, εἴ γε μὴ ἡ αὐτὴ ἀρετὴ ἦν αὐτῶν, τῷ αὐτῷ ἂν τρόπῳ ἀγαθοὶ ἦσαν.

ΜΕΝ. Οὐ δῆτα.

ΣΩ. Ἐπειδὴ τοίνυν ἡ αὐτὴ ἀρετὴ πάντων ἐστίν, πειρῶ εἰπεῖν καὶ ἀναμνησθῆναι τί αὐτό φησι Γοργίας εἶναι καὶ σὺ μετ' ἐκείνου.

ΜΕΝ. Τί ἄλλο γ' ἢ ἄρχειν οἷόν τ' εἶναι τῶν ἀνθρώπων; [d] εἴπερ ἕν γέ τι ζητεῖς κατὰ πάντων.

ΣΩ. Ἀλλὰ μὴν ζητῶ γε. ἀλλ' ἆρα καὶ παιδὸς ἡ αὐτὴ ἀρετή, ὦ Μένων, καὶ δούλου, ἄρχειν οἵω τε εἶναι τοῦ δεσπότου, καὶ δοκεῖ σοι ἔτι ἂν δοῦλος εἶναι ὁ ἄρχων;

ΜΕΝ. Οὐ πάνυ μοι δοκεῖ, ὦ Σώκρατες.

ΣΩ. Οὐ γὰρ εἰκός, ὦ ἄριστε· ἔτι γὰρ καὶ τόδε σκόπει. ἄρχειν φῂς οἷόν τ' εἶναι. οὐ προσθήσομεν αὐτόσε τὸ δικαίως, ἀδίκως δὲ μή;

ΜΕΝ. Οἶμαι ἔγωγε· ἡ γὰρ δικαιοσύνη, ὦ Σώκρατες, ἀρετή ἐστιν.

Sokrates. Und wie ist es beim Kind und beim Alten? Könnten diese wohl, wenn sie unbeherrscht und ungerecht sind, gut sein?

Menon. Keineswegs.

Sokrates. Wohl aber, wenn sie besonnen und [c] gerecht sind?

Menon. Ja.

Sokrates. Alle Menschen sind also auf dieselbe Art und Weise gut?[23] Denn indem sie dieselben Eigenschaften erlangen, werden sie gut.

Menon. Es scheint so.

Sokrates. Gewiss aber wären sie, wenn sie nicht dieselbe Tugend besäßen, nicht auf dieselbe Art und Weise gut.

Menon. Sicher nicht.

Sokrates. Da nun die Tugend bei allen Menschen dieselbe ist, versuche dich zu erinnern[24] und in Worte zu fassen, was Gorgias – und du mit ihm – sagt, was sie sei.

Menon. Was denn sonst, als dass man imstande sei, über die Menschen zu herrschen, [d] wenn du schon etwas suchst, das für alle Fälle gilt.

Sokrates. Das suche ich allerdings. Aber, Menon, ist dies auch die Tugend eines Kindes und die eines Sklaven, imstande zu sein, über den Herrn zu herrschen? Und scheint dir, wer so herrscht, noch ein Sklave zu sein?

Menon. Gewiss nicht, Sokrates.

Sokrates. Das wäre auch ganz unwahrscheinlich, mein Bester. Überlege auch noch Folgendes: Du sagst, man müsste imstande sein zu herrschen. Müssen wir da nicht hinzufügen: »gerecht, aber nicht ungerecht«?

Menon. Ich glaube, schon. Denn die Gerechtigkeit, Sokrates, ist Tugend.

ΣΩ. [e] Πότερον ἀρετή, ὦ Μένων, ἢ ἀρετή τις;

ΜΕΝ. Πῶς τοῦτο λέγεις;

ΣΩ. Ὡς περὶ ἄλλου ὁτουοῦν. οἷον, εἰ βούλει, στρογγυλότητος πέρι εἴποιμ' ἂν ἔγωγε ὅτι σχῆμά τί ἐστιν, οὐχ οὕτως ἁπλῶς ὅτι σχῆμα. διὰ ταῦτα δὲ οὕτως ἂν εἴποιμι, ὅτι καὶ ἄλλα ἔστι σχήματα.

ΜΕΝ. Ὀρθῶς γε λέγων σύ, ἐπεὶ καὶ ἐγὼ λέγω οὐ μόνον δικαιοσύνην ἀλλὰ καὶ ἄλλας εἶναι ἀρετάς.

ΣΩ. [74a] Τίνας ταύτας; εἰπέ. οἷον καὶ ἐγώ σοι εἴποιμι ἂν καὶ ἄλλα σχήματα, εἴ με κελεύοις· καὶ σὺ οὖν ἐμοὶ εἰπὲ ἄλλας ἀρετάς.

ΜΕΝ. Ἡ ἀνδρεία τοίνυν ἔμοιγε δοκεῖ ἀρετὴ εἶναι καὶ σωφροσύνη καὶ σοφία καὶ μεγαλοπρέπεια καὶ ἄλλαι πάμπολλαι.

ΣΩ. Πάλιν, ὦ Μένων, ταὐτὸν πεπόνθαμεν· πολλὰς αὖ ηὑρήκαμεν ἀρετὰς μίαν ζητοῦντες, ἄλλον τρόπον ἢ νυνδή· τὴν δὲ μίαν, ἣ διὰ πάντων τούτων ἐστίν, οὐ δυνάμεθα ἀνευρεῖν.

ΜΕΝ. Οὐ γὰρ δύναμαί πω, ὦ Σώκρατες, ὡς σὺ ζητεῖς, [b] μίαν ἀρετὴν λαβεῖν κατὰ πάντων, ὥσπερ ἐν τοῖς ἄλλοις.

ΣΩ. Εἰκότως γε· ἀλλ' ἐγὼ προθυμήσομαι, ἐὰν οἷός τ' ὦ, ἡμᾶς προβιβάσαι. μανθάνεις γάρ που ὅτι οὑτωσὶ ἔχει περὶ παντός· εἴ τίς σε ἀνέροιτο τοῦτο ὃ νυνδὴ ἐγὼ ἔλεγον, »Τί ἐστιν σχῆμα, ὦ Μένων;« εἰ αὐτῷ εἶπες ὅτι στρογγυλότης, εἴ σοι εἶπεν ἅπερ ἐγώ, »Πότερον σχῆμα ἡ στρογγυλότης ἐστὶν ἢ σχῆμά τι;« εἶπες δήπου ἂν ὅτι σχῆμά τι.

ΜΕΝ. Πάνυ γε.

ΣΩ. [c] Οὐκοῦν διὰ ταῦτα, ὅτι καὶ ἄλλα ἔστιν σχήματα;

Sokrates. [e] Tugend, Menon, oder *eine* Tugend?

Menon. Wie meinst du das?

Sokrates. Wie bei allen anderen Dingen. So würde ich zum Beispiel, wenn du willst, von einer Rundung sagen, dass sie eine Figur, aber nicht schlechthin die Figur ist. Das würde ich deshalb so sagen, weil es auch noch andere Figuren gibt.[25]

Menon. Ganz richtig, denn auch ich behaupte, dass es neben der Gerechtigkeit auch noch andere Tugenden gibt.

Sokrates. [74a] Welche denn? Sprich, wie auch ich dir andere Figuren nennen könnte, wenn du mich dazu auffordertest. Nenne also auch du mir andere Tugenden.

Menon. Die Tapferkeit scheint mir jedenfalls eine Tugend zu sein und die Besonnenheit, das Wissen, die Großzügigkeit und vieles andere.

Sokrates. Da geht es uns jetzt wieder ganz genauso, Menon. Auf der Suche nach der einen Tugend haben wir viele Tugenden gefunden, nur auf eine andere Weise als vorhin. Die eine aber, die in all diesen ist, konnten wir nicht finden.

Menon. Diese eine Tugend, so wie du, Sokrates, sie suchst, [b] die in all diesen steckt, kann ich nicht in den Griff bekommen, so wie ich es bei den anderen Dingen konnte.

Sokrates. Natürlich. Ich werde mich aber bemühen, uns, soweit ich kann, dabei weiterzubringen. Denn du verstehst doch, dass es sich bei allem so verhält. Wenn dich jemand, so wie ich es eben tat, fragte: »Menon, was ist Figur?«, und du ihm dann sagtest »Rundung«, und er dir, wie ich soeben, entgegnete: »Ist die Rundung Figur oder *eine* Figur?«, so würdest du doch erwidern, dass sie *eine* Figur ist.

Menon. Allerdings.

Sokrates. [c] Doch wohl deswegen, weil es auch andere Figuren gibt?

ΜΕΝ. Ναί.

ΣΩ. Καὶ εἴ γε προσανηρώτα σε ὁποῖα, ἔλεγες ἄν;

ΜΕΝ. Ἔγωγε.

ΣΩ. Καὶ αὖ εἰ περὶ χρώματος ὡσαύτως ἀνήρετο ὅτι ἐστίν, καὶ εἰπόντος σου ὅτι τὸ λευκόν, μετὰ ταῦτα ὑπέλαβεν ὁ ἐρωτῶν· »Πότερον τὸ λευκὸν χρῶμά ἐστιν ἢ χρῶμά τι;« εἶπες ἂν ὅτι χρῶμά τι, διότι καὶ ἄλλα τυγχάνει ὄντα;

ΜΕΝ. Ἔγωγε.

ΣΩ. [d] Καὶ εἴ γέ σε ἐκέλευε λέγειν ἄλλα χρώματα, ἔλεγες ἂν ἄλλα, ἃ οὐδὲν ἧττον τυγχάνει ὄντα χρώματα τοῦ λευκοῦ;

ΜΕΝ. Ναί.

ΣΩ. Εἰ οὖν ὥσπερ ἐγὼ μετῄει τὸν λόγον, καὶ ἔλεγεν ὅτι »Ἀεὶ εἰς πολλὰ ἀφικνούμεθα, ἀλλὰ μή μοι οὕτως, ἀλλ᾽ ἐπειδὴ τὰ πολλὰ ταῦτα ἑνί τινι προσαγορεύεις ὀνόματι, καὶ φῂς οὐδὲν αὐτῶν ὅτι οὐ σχῆμα εἶναι, καὶ ταῦτα καὶ ἐναντία ὄντα ἀλλήλοις, ὅτι ἐστὶν τοῦτο ὃ οὐδὲν ἧττον κατέχει τὸ στρογγύλον ἢ τὸ εὐθύ, ὃ δὴ ὀνομάζεις σχῆμα [e] καὶ οὐδὲν μᾶλλον φῂς τὸ στρογγύλον σχῆμα εἶναι ἢ τὸ εὐθύ;« ἢ οὐχ οὕτω λέγεις;

ΜΕΝ. Ἔγωγε.

ΣΩ. Ἆρ᾽ οὖν, ὅταν οὕτω λέγῃς, τότε οὐδὲν μᾶλλον φῂς τὸ στρογγύλον εἶναι στρογγύλον ἢ εὐθύ, οὐδὲ τὸ εὐθὺ εὐθὺ ἢ στρογγύλον;

ΜΕΝ. Οὐ δήπου, ὦ Σώκρατες.

ΣΩ. Ἀλλὰ μὴν σχῆμά γε οὐδὲν μᾶλλον φῂς εἶναι τὸ στρογγύλον τοῦ εὐθέος, οὐδὲ τὸ ἕτερον τοῦ ἑτέρου.

Menon. Ja.

Sokrates. Und wenn er weiter fragte, welche denn, dann würdest du sie ihm nennen?

Menon. Das würde ich.

Sokrates. Und wenn er dich ebenso fragte, was Farbe ist, und du ihm antworten würdest »das Weiße«, und er dann fortfahren würde zu fragen: »Ist das Weiße Farbe oder *eine* Farbe, so würdest du doch sagen, dass es *eine* Farbe ist, weil es ja auch noch andere Farben gibt?

Menon. Natürlich.

Sokrates. [d] Und wenn er dich dann aufforderte, andere Farben zu nennen, dann würdest du weitere nennen, die ebenso gut Farben sind wie das Weiße?

Menon. Ja.

Sokrates. Wenn er nun wie ich weiter argumentierte und sagte: »Immer wieder kommen wir auf vieles, aber das ist nicht meine Intention, sondern da du diese vielen Dinge mit einem einzigen Ausdruck bezeichnest und behauptest, es sei keines darunter, das nicht Figur ist und das, obwohl sie einander entgegengesetzt sind, was ist dann das, was das Runde genauso einschließt wie das Gerade, was du ja Figur nennst, [e] wenn du behauptest, dass das Runde ebenso eine Figur ist wie das Gerade? Das behauptest du doch?

Menon. Das tue ich.

Sokrates. Wenn du das behauptest, meinst du dann etwa, das Runde sei ebenso rund wie gerade und das Gerade ebenso gerade wie rund?

Menon. Keineswegs, Sokrates.

Sokrates. Aber du behauptest doch, dass das Runde ebenso Figur ist wie das Gerade und ebenso umgekehrt.

MEN. Ἀληθῆ λέγεις.

ΣΩ. Τί ποτε οὖν τοῦτο οὗ τοῦτο ὄνομά ἐστιν, τὸ σχῆμα; [75a] πειρῶ λέγειν. εἰ οὖν τῷ ἐρωτῶντι οὕτως ἢ περὶ σχήματος ἢ χρώματος εἶπες ὅτι »Ἀλλ' οὐδὲ μανθάνω ἔγωγε ὅτι βούλει, ὦ ἄνθρωπε, οὐδὲ οἶδα ὅτι λέγεις«, ἴσως ἂν ἐθαύμασε καὶ εἶπεν· »Οὐ μανθάνεις ὅτι ζητῶ τὸ ἐπὶ πᾶσιν τούτοις ταὐτόν;« ἢ οὐδὲ ἐπὶ τούτοις, ὦ Μένων, ἔχοις ἂν εἰπεῖν, εἴ τίς σε ἐρωτῴη· »Τί ἐστιν ἐπὶ τῷ στρογγύλῳ καὶ εὐθεῖ καὶ ἐπὶ τοῖς ἄλλοις, ἃ δὴ σχήματα καλεῖς, ταὐτὸν ἐπὶ πᾶσιν;« πειρῶ εἰπεῖν, ἵνα καὶ γένηταί σοι μελέτη πρὸς τὴν περὶ τῆς ἀρετῆς ἀπόκρισιν.

MEN. [b] Μή, ἀλλὰ σύ, ὦ Σώκρατες, εἰπέ.

ΣΩ. Βούλει σοι χαρίσωμαι;

MEN. Πάνυ γε.

ΣΩ. Ἐθελήσεις οὖν καὶ σὺ ἐμοὶ εἰπεῖν περὶ τῆς ἀρετῆς;

MEN. Ἔγωγε.

ΣΩ. Προθυμητέον τοίνυν ἄξιον γάρ.

MEN. Πάνυ μὲν οὖν.

ΣΩ. Φέρε δή, πειρώμεθά σοι εἰπεῖν τί ἐστιν σχῆμα. σκόπει οὖν εἰ τόδε ἀποδέχῃ αὐτὸ εἶναι· ἔστω γὰρ δὴ ἡμῖν τοῦτο σχῆμα, ὃ μόνον τῶν ὄντων τυγχάνει χρώματι ἀεὶ ἑπόμενον. ἱκανῶς σοι, ἢ ἄλλως πως ζητεῖς; ἐγὼ γὰρ κἂν [c] οὕτως ἀγαπῴην εἴ μοι ἀρετὴν εἴποις.

MEN. Ἀλλὰ τοῦτό γε εὔηθες, ὦ Σώκρατες.

ΣΩ. Πῶς λέγεις;

Menon. Richtig.

Sokrates. Was ist dann das, dem diese Bezeichnung »Figur« zukommt? [75a] Versuche es mir zu erklären. Wenn du nun jemandem, der dir diese Frage über die Figur oder über die Farbe stellt, sagtest: »Mensch, ich verstehe nicht, was du willst, und weiß nicht, was du meinst«, dann würde der sich vielleicht wundern und sagen: »Verstehst du nicht, dass ich das suche, was bei allen diesen Dingen dasselbe ist?« Oder wüsstest du, Menon, auch darauf nichts zu antworten, wenn dich jemand fragte: »Was ist beim Runden und beim Geraden und bei allem anderen, was du Figuren nennst, immer dasselbe?« Versuche es zu benennen, damit du für die Antwort hinsichtlich der Tugend in Übung kommst.

Menon. [b] Nicht doch, Sokrates, sag du es.

Sokrates. Soll ich dir den Gefallen tun?

Menon. O ja.

Sokrates. Wirst du dann auch bereit sein, mir das von der Tugend zu sagen?

Menon. Das werde ich.

Sokrates. So will ich mir die Mühe geben, denn es lohnt sich.

Menon. Allerdings.

Sokrates. Wohlan denn, ich will versuchen, dir zu sagen, was Figur ist. Überlege, ob du Folgendem zustimmen kannst: Figur sei, was als Einziges von allen Dingen immer mit Farbe einhergeht.[26] Genügt dir das oder verlangst du noch etwas anderes? Ich wäre [c] schon damit zufrieden, wenn du mir die Tugend so erklären könntest.

Menon. Aber das ist doch recht einfältig, Sokrates.

Sokrates. Wie meinst du das?

MEN. Ὅτι σχῆμά πού ἐστιν κατὰ τὸν σὸν λόγον ὃ ἀεὶ χρόᾳ ἕπεται. εἶεν· εἰ δὲ δὴ τὴν χρόαν τις μὴ φαίη εἰδέναι, ἀλλὰ ὡσαύτως ἀποροῖ ὥσπερ περὶ τοῦ σχήματος, τί ἂν οἴει σοι ἀποκεκρίσθαι;

ΣΩ. Τἀληθῆ ἔγωγε· καὶ εἰ μέν γε τῶν σοφῶν τις εἴη καὶ ἐριστικῶν τε καὶ ἀγωνιστικῶν ὁ ἐρόμενος, εἴποιμ' ἂν [d] αὐτῷ ὅτι »Ἐμοὶ μὲν εἴρηται· εἰ δὲ μὴ ὀρθῶς λέγω, σὸν ἔργον λαμβάνειν λόγον καὶ ἐλέγχειν.« εἰ δὲ ὥσπερ ἐγώ τε καὶ σὺ νυνὶ φίλοι ὄντες βούλοιντο ἀλλήλοις διαλέγεσθαι, δεῖ δὴ πρᾳότερόν πως καὶ διαλεκτικώτερον ἀποκρίνεσθαι. ἔστι δὲ ἴσως τὸ διαλεκτικώτερον μὴ μόνον τἀληθῆ ἀποκρίνεσθαι, ἀλλὰ καὶ δι' ἐκείνων ὧν ἂν προτὸομολογῇ εἰδέναι ὁ ἐρωτώμενος. πειράσομαι δὴ καὶ ἐγώ σοι οὕτως εἰπεῖν. λέγε γάρ μοι [e] τελευτὴν καλεῖς τι; τοιόνδε λέγω οἷον πέρας καὶ ἔσχατον – πάντα ταῦτα ταὐτόν τι λέγω· ἴσως δ' ἂν ἡμῖν Πρόδικος διαφέροιτο, ἀλλὰ σύ γέ που καλεῖς πεπεράνθαι τι καὶ τετελευτηκέναι – τὸ τοιοῦτον βούλομαι λέγειν, οὐδὲν ποικίλον.

MEN. Ἀλλὰ καλῶ, καὶ οἶμαι μανθάνειν ὃ λέγεις.

ΣΩ. [76a] Τί δ'; ἐπίπεδον καλεῖς τι, καὶ ἕτερον αὖ στερεόν, οἷον ταῦτα τὰ ἐν ταῖς γεωμετρίαις;

MEN. Ἔγωγε καλῶ.

ΣΩ. Ἤδη τοίνυν ἂν μάθοις μου ἐκ τούτων σχῆμα ὃ λέγω.

Menon. Dass nach deinen Worten Figur das sein soll, was mit Farbe einhergeht.[27] Schön und gut. Aber wenn nun einer sagt, er wisse nicht, was Farbe ist, vielmehr sei er darüber genauso im Ungewissen wie bei der Figur, was denkst du, wäre dann deine Antwort gewesen?[28]

Sokrates. Die richtige, glaube ich. Wenn der Frager einer von den Sophisten[29], die nur auf Wortstreit und Redegefechte aus sind, wäre, dann würde ich [d] ihm sagen: »Meine Antwort hast du. Wenn sie nicht richtig ist, dann liegt es an dir, meine Argumente aufzunehmen und mich zu widerlegen.« Wenn aber Freunde so wie ich und du jetzt miteinander das Gespräch führen wollten, dann müsste die Antwort freundlicher und dialektischer ausfallen. Dialektischer ist vermutlich, nicht nur die richtige Antwort zu geben, sondern überdies aufgrund von dem, was der Befragte[30] vorher als verstanden zugegeben[31] hat. Deshalb will auch ich nun versuchen, mit dir so zu reden. Sage mir also: [e] Du nennst doch etwas »Ende«? Ich meine damit etwas wie Grenze oder Äußerstes – alle diese Ausdrücke bezeichnen ja, meine ich, dasselbe. Vielleicht würde Prodikos[32] da mit uns nicht übereinstimmen, aber du nennst doch etwas »begrenzt« und »zu Ende gekommen« – so etwas will ich damit bezeichnen, und nichts Mehrdeutiges.

Menon. Allerdings nenne ich etwas so, und ich glaube zu verstehen, was du meinst.

Sokrates. [76a] Wie nun? Nennst du etwas eine Fläche[33] und etwas anderes wieder einen Körper, wie es in der Geometrie[34] heißt?

Menon. Das tue ich.

Sokrates. Schon daraus dürftest du verstehen, was ich

κατὰ γὰρ παντὸς σχήματος τοῦτο λέγω, εἰς ὃ τὸ στερεὸν περαίνει, τοῦτ' εἶναι σχῆμα· ὅπερ ἂν συλλαβὼν εἴποιμι στερεοῦ πέρας σχῆμα εἶναι.

ΜΕΝ. Τὸ δὲ χρῶμα τί λέγεις, ὦ Σώκρατες;

ΣΩ. Ὑβριστής γ' εἶ, ὦ Μένων· ἀνδρὶ πρεσβύτῃ πράγματα προστάττεις ἀποκρίνεσθαι, αὐτὸς δὲ οὐκ ἐθέλεις [b] ἀναμνησθεὶς εἰπεῖν ὅτι ποτε λέγει Γοργίας ἀρετὴν εἶναι.

ΜΕΝ. Ἀλλ' ἐπειδάν μοι σὺ τοῦτ' εἴπῃς, ὦ Σώκρατες, ἐρῶ σοι.

ΣΩ. Κἂν κατακεκαλυμμένος τις γνοίη, ὦ Μένων, διαλεγομένου σου, ὅτι καλὸς εἶ καὶ ἐρασταί σοι ἔτι εἰσίν.

ΜΕΝ. Τί δή;

ΣΩ. Ὅτι οὐδὲν ἀλλ' ἢ ἐπιτάττεις ἐν τοῖς λόγοις, ὅπερ ποιοῦσιν οἱ τρυφῶντες, ἅτε τυραννεύοντες ἕως ἂν ἐν ὥρᾳ [c] ὦσιν, καὶ ἅμα ἐμοῦ ἴσως κατέγνωκας ὅτι εἰμὶ ἥττων τῶν καλῶν· χαριοῦμαι οὖν σοι καὶ ἀποκρινοῦμαι.

ΜΕΝ. Πάνυ μὲν οὖν χάρισαι.

ΣΩ. Βούλει οὖν σοι κατὰ Γοργίαν ἀποκρίνωμαι, ᾗ ἂν σὺ μάλιστα ἀκολουθήσαις;

ΜΕΝ. Βούλομαι· πῶς γὰρ οὔ;

ΣΩ. Οὐκοῦν λέγετε ἀπορροάς τινας τῶν ὄντων κατὰ Ἐμπεδοκλέα;

ΜΕΝ. Σφόδρα γε.

ΣΩ. Καὶ πόρους εἰς οὓς καὶ δι' ὧν αἱ ἀπορροαὶ πορεύονται;

ΜΕΝ. Πάνυ γε.

Figur nenne. Von jeder Figur behaupte ich: Eine Figur ist das, worin ein Körper zu seinem Ende kommt. Kurz möchte ich sagen: Figur ist die Grenze eines Körpers.

Menon. Was aber nennst du Farbe, Sokrates?

Sokrates. Du bist übermütig, Menon. Von einem alten Mann verlangst du die Beantwortung schwieriger Sachen, du selbst aber willst dich nicht [b] daran erinnern und mir mitteilen, was nach des Gorgias Meinung die Tugend sei.

Menon. Nun, sobald du mir das[35] noch erklärt hast, Sokrates, will ich's dir sagen.

Sokrates. Selbst mit verbundenen Augen, Menon, könnte jemand, der sich mit dir unterhält, erkennen, dass du schön bist und noch Liebhaber hast.

Menon. Wieso das denn?

Sokrates. Weil du in der Diskussion immer nur herumkommandierst, wie es die verwöhnten Leute machen, die ja immer herrisch sind, so lange ihre Jugend [c] andauert. Und zugleich hast du auch ohne Zweifel schon erkannt, dass ich den Schönen nicht widerstehen kann. Ich will dir also den Gefallen tun und antworten.

Menon. Ja, tu mir den Gefallen.

Sokrates. Willst du, dass ich dir in der Art des Gorgias antworte, wie du ja am besten folgen könntest?

Menon. Ja, natürlich.

Sokrates. Sagt ihr nicht, dass es nach Empedokles gewisse Ausflüsse von den Dingen gibt?[36]

Menon. Allerdings.

Sokrates. Und Gänge, in die und durch die diese Ausflüsse gehen?

Menon. Gewiss.

ΣΩ. Καὶ τῶν ἀπορροῶν τὰς μὲν ἁρμόττειν ἐνίοις τῶν [d] πόρων, τὰς δὲ ἐλάττους ἢ μείζους εἶναι;

MEN. Ἔστι ταῦτα.

ΣΩ. Οὐκοῦν καὶ ὄψιν καλεῖς τι;

MEN. Ἔγωγε.

ΣΩ. Ἐκ τούτων δὴ »σύνες ὅ τοι λέγω«, ἔφη Πίνδαρος. ἔστιν γὰρ χρόα ἀπορροὴ σχημάτων ὄψει σύμμετρος καὶ αἰσθητός.

MEN. Ἄριστά μοι δοκεῖς, ὦ Σώκρατες, ταύτην τὴν ἀπόκρισιν εἰρηκέναι.

ΣΩ. Ἴσως γάρ σοι κατὰ συνήθειαν εἴρηται· καὶ ἅμα οἶμαι ἐννοεῖς ὅτι ἔχοις ἂν ἐξ αὐτῆς εἰπεῖν καὶ φωνὴν ὃ ἔστι, [e] καὶ ὀσμὴν καὶ ἄλλα πολλὰ τῶν τοιούτων.

MEN. Πάνυ μὲν οὖν.

ΣΩ. Τραγικὴ γάρ ἐστιν, ὦ Μένων, ἡ ἀπόκρισις, ὥστε ἀρέσκει σοι μᾶλλον ἢ ἡ περὶ τοῦ σχήματος.

MEN. Ἔμοιγε.

ΣΩ. Ἀλλ' οὐκ ἔστιν, ὦ παῖ Ἀλεξιδήμου, ὡς ἐγὼ ἐμαυτὸν πείθω, ἀλλ' ἐκείνη βελτίων· οἶμαι δὲ οὐδ' ἂν σοὶ δόξαι, εἰ μή, ὥσπερ χθὲς ἔλεγες, ἀναγκαῖόν σοι ἀπιέναι πρὸ τῶν μυστηρίων, ἀλλ' εἰ περιμείναις τε καὶ μυηθείης.

MEN. [77a] Ἀλλὰ περιμένοιμ' ἄν, ὦ Σώκρατες, εἴ μοι πολλὰ τοιαῦτα λέγοις.

ΣΩ. Ἀλλὰ μὴν προθυμίας γε οὐδὲν ἀπολείψω, καὶ σοῦ ἕνεκα καὶ ἐμαυτοῦ, λέγων τοιαῦτα· ἀλλ' ὅπως μὴ οὐχ οἷός τ' ἔσομαι

Sokrates. Und dass die einen von den Ausflüssen zu einigen [d] Gängen passen, während die anderen aber dafür zu klein oder zu groß sind?

Menon. So ist es.

Sokrates. Nennst du nicht auch etwas Gesichtssinn?

Menon. Freilich.

Sokrates. Daraus also »vernimm, was ich meine«, wie Pindar sagt.[37] Farbe ist nämlich der dem Gesichtssinn angepasste und somit wahrnehmbare Ausfluss von Figuren.[38]

Menon. Meines Erachtens eine ganz vorzügliche Antwort, Sokrates.

Sokrates. Vielleicht so formuliert, wie du es gewohnt bist. Und überdies, glaube ich, merkst du, dass du auf diese Weise erklären könntest, was der Schall ist [e] und der Geruch und vieles andere dieser Art.

Menon. Allerdings.

Sokrates. Es ist nämlich eine Antwort im Stil der Tragödie[39], Menon, und deshalb gefällt sie dir besser als die von der Figur.

Menon. Ja, sie gefällt mir besser.

Sokrates. Und doch bin ich überzeugt, Sohn des Alexidemos, dass nicht sie, sondern jene die bessere ist. Auch dir würde sie, glaube ich, nicht besser vorkommen, wenn du nicht, wie du gestern sagtest, gezwungen wärst, die Mysterien[40] vorzeitig zu verlassen, sondern bleiben könntest, um dich einweihen zu lassen.[41]

Menon. [77a] Ich würde schon bleiben, Sokrates, wenn du mir viele solche Sachen erklären wolltest.

Sokrates. Am guten Willen für derartige Erklärungen soll es mir nicht fehlen, sowohl deinet- als auch meinetwegen, nur werde ich nicht imstande sein, viele derartige Er-

πολλὰ τοιαῦτα λέγειν. ἀλλ' ἴθι δὴ πειρῶ καὶ σὺ ἐμοὶ τὴν ὑπόσχεσιν ἀποδοῦναι, κατὰ ὅλου εἰπὼν ἀρετῆς πέρι ὅτι ἐστίν, καὶ παῦσαι πολλὰ ποιῶν ἐκ τοῦ ἑνός, ὅπερ φασὶ τοὺς συντρίβοντάς τι ἑκάστοτε οἱ σκώπτοντες, ἀλλὰ ἐάσας ὅλην καὶ ὑγιῆ εἰπὲ τί ἐστιν ἀρετή. τὰ δέ γε [b] παραδείγματα παρ' ἐμοῦ εἴληφας.

ΜΕΝ. Δοκεῖ τοίνυν μοι, ὦ Σώκρατες, ἀρετὴ εἶναι, καθάπερ ὁ ποιητὴς λέγει, »χαίρειν τε καλοῖσι καὶ δύνασθαι« καὶ ἐγὼ τοῦτο λέγω ἀρετήν, ἐπιθυμοῦντα τῶν καλῶν δυνατὸν εἶναι πορίζεσθαι.

ΣΩ. Ἆρα λέγεις τὸν τῶν καλῶν ἐπιθυμοῦντα ἀγαθῶν ἐπιθυμητὴν εἶναι;

ΜΕΝ. Μάλιστά γε.

ΣΩ. Ἆρα ὡς ὄντων τινῶν οἳ τῶν κακῶν ἐπιθυμοῦσιν, ἑτέρων δὲ οἳ τῶν [c] ἀγαθῶν; οὐ πάντες, ὤριστε, δοκοῦσί σοι τῶν ἀγαθῶν ἐπιθυμεῖν;

ΜΕΝ. Οὐκ ἔμοιγε.

ΣΩ. Ἀλλά τινες τῶν κακῶν;

ΜΕΝ. Ναί.

ΣΩ. Οἰόμενοι τὰ κακὰ ἀγαθὰ εἶναι, λέγεις, ἢ καὶ γιγνώσκοντες ὅτι κακά ἐστιν ὅμως ἐπιθυμοῦσιν αὐτῶν;

ΜΕΝ. Ἀμφότερα ἔμοιγε δοκοῦσιν.

ΣΩ. Ἦ γὰρ δοκεῖ τίς σοι, ὦ Μένων, γιγνώσκων τὰ κακὰ ὅτι κακά ἐστιν ὅμως ἐπιθυμεῖν αὐτῶν;

ΜΕΝ. Μάλιστα.

ΣΩ. Τί ἐπιθυμεῖν λέγεις; ἢ γενέσθαι αὐτῷ;

ΜΕΝ. Γενέσθαι· τί γὰρ [d] ἄλλο;

klärungen zu geben. Aber komm nun, versuche auch du, mir dein Versprechen einzulösen; sage mir also, was die Tugend im Allgemeinen ist, und höre auf, »aus Einem Vieles zu machen«, wie man im Scherz jeweils zu denen sagt, die etwas zerbrechen; erkläre mir vielmehr, was die Tugend ist, und lass sie dabei ganz und heil. [b] Beispiele[42] dafür hast du ja von mir bekommen.

Menon. Ich meine, Sokrates, Tugend ist, wie der Dichter sagt, »sich am Schönen zu erfreuen und dazu fähig zu sein«[43]. Ja, auch ich nenne das Tugend, wenn man Schönes begehrt und es sich zu verschaffen weiß.

Sokrates. Du meinst also, dass der, der Schönes begehrt, jemand ist, der Gutes begehrt?

Menon. Gewiss.

Sokrates. Also auch, dass einige Schlechtes begehren, andere aber [c] Gutes? Nicht alle, mein Bester, scheinen dir also das Gute zu begehren?

Menon. Gewiss nicht.

Sokrates. Sondern manche wollen das Schlechte?

Menon. Ja.

Sokrates. Meinst du, weil sie glauben, das Schlechte sei gut, oder begehren sie es, obwohl sie wissen, dass es schlecht ist?

Menon. Beides halte ich für möglich.

Sokrates. Glaubst du wirklich, dass einer, der erkennt, dass das Schlechte schlecht ist, es dennoch begehrt?

Menon. Durchaus.

Sokrates. Was meinst du mit »begehren«? Doch sicher, dass er es bekommt?

Menon. Natürlich, dass er es bekommt. Was denn [d] sonst?

ΣΩ. Πότερον ἡγούμενος τὰ κακὰ ὠφελεῖν ἐκεῖνον ᾧ ἂν γένηται, ἢ γιγνώσκων τὰ κακὰ ὅτι βλάπτει ᾧ ἂν παρῇ;

ΜΕΝ. Εἰσὶ μὲν οἳ ἡγούμενοι τὰ κακὰ ὠφελεῖν, εἰσὶν δὲ καὶ οἳ γιγνώσκοντες ὅτι βλάπτει.

ΣΩ. Ἦ καὶ δοκοῦσί σοι γιγνώσκειν τὰ κακὰ ὅτι κακά ἐστιν οἱ ἡγούμενοι τὰ κακὰ ὠφελεῖν;

ΜΕΝ. Οὐ πάνυ μοι δοκεῖ τοῦτό γε.

ΣΩ. [e] Οὐκοῦν δῆλον ὅτι οὗτοι μὲν οὐ τῶν κακῶν ἐπιθυμοῦσιν, οἱ ἀγνοοῦντες αὐτά, ἀλλὰ ἐκείνων ἃ ᾤοντο ἀγαθὰ εἶναι, ἔστιν δὲ ταῦτά γε κακά· ὥστε οἱ ἀγνοοῦντες αὐτὰ καὶ οἰόμενοι ἀγαθὰ εἶναι δῆλον ὅτι τῶν ἀγαθῶν ἐπιθυμοῦσιν. ἢ οὔ;

ΜΕΝ. Κινδυνεύουσιν οὗτοί γε.

ΣΩ. Τί δέ; οἱ τῶν κακῶν μὲν ἐπιθυμοῦντες, ὥς φῂς σύ, ἡγούμενοι δὲ τὰ κακὰ βλάπτειν ἐκεῖνον ᾧ ἂν γίγνηται, γιγνώσκουσιν δήπου ὅτι βλαβήσονται ὑπ' αὐτῶν;

ΜΕΝ. [78a] Ἀνάγκη.

ΣΩ. Ἀλλὰ τοὺς βλαπτομένους οὗτοι οὐκ οἴονται ἀθλίους εἶναι καθ' ὅσον βλάπτονται;

ΜΕΝ. Καὶ τοῦτο ἀνάγκη.

ΣΩ. Τοὺς δὲ ἀθλίους οὐ κακοδαίμονας;

ΜΕΝ. Οἶμαι ἔγωγε.

ΣΩ. Ἔστιν οὖν ὅστις βούλεται ἄθλιος καὶ κακοδαίμων εἶναι;

ΜΕΝ. Οὔ μοι δοκεῖ, ὦ Σώκρατες.

ΣΩ. Οὐκ ἄρα βούλεται, ὦ Μένων, τὰ κακὰ οὐδείς, εἴπερ μὴ

Sokrates. Und zwar, weil er glaubt, das Schlechte nütze demjenigen, der es bekommt, oder weil er weiß, dass das Schlechte dem schadet, bei dem es sich befindet?

Menon. Es gibt welche, die meinen, dass das Schlechte nützlich sei, aber auch solche, die wissen, dass es schadet.

Sokrates. Und meinst du, dass diejenigen, die glauben, dass das Schlechte nützlich sei, auch wissen, dass es schlecht ist?

Menon. Nein, das glaube ich nicht.

Sokrates. [e] Dann ist also klar, dass diejenigen, die das Schlechte nicht kennen, es auch nicht begehren, sondern dass sie etwas begehren, was sie für gut halten, mag dieses auch schlecht sein. Diejenigen also, die es nicht kennen und es für gut halten, begehren also offensichtlich Gutes. Oder nicht?

Menon. Es scheint so.

Sokrates. Wie nun? Diejenigen, die zwar, wie du sagst, Schlechtes begehren, aber glauben, das Schlechte schade dem, dem es zuteil wird, die wissen doch wohl, dass sie dadurch Schaden erleiden werden?

Menon. [78a] Ja, notwendigerweise.

Sokrates. Und diese glauben nicht, dass diejenigen, die Schaden erleiden, elend sind, insofern sie ja geschädigt werden?

Menon. Doch, auch das notwendigerweise.

Sokrates. Sind diese Elenden nicht unglücklich?

Menon. Ich glaube, schon.

Sokrates. Gibt es denn jemanden, der elend und unglücklich sein will?

Menon. Das glaube ich nicht, Sokrates.

Sokrates. Also will niemand das Schlechte[44], Menon,

βούλεται τοιοῦτος εἶναι. τί γὰρ ἄλλο ἐστὶν ἄθλιον εἶναι ἢ ἐπιθυμεῖν τε τῶν κακῶν καὶ κτᾶσθαι;

ΜΕΝ. [b] Κινδυνεύεις ἀληθῆ λέγειν, ὦ Σώκρατες· καὶ οὐδεὶς βούλεσθαι τὰ κακά.

ΣΩ. Οὐκοῦν νυνδὴ ἔλεγες ὅτι ἔστιν ἡ ἀρετὴ βούλεσθαί τε τἀγαθὰ καὶ δύνασθαι;

ΜΕΝ. Εἶπον γάρ.

ΣΩ. Οὐκοῦν τοῦ λεχθέντος τὸ μὲν βούλεσθαι πᾶσιν ὑπάρχει, καὶ ταύτῃ γε οὐδὲν ὁ ἕτερος τοῦ ἑτέρου βελτίων;

ΜΕΝ. Φαίνεται.

ΣΩ. Ἀλλὰ δῆλον ὅτι εἴπερ ἐστὶ βελτίων ἄλλος ἄλλου, κατὰ τὸ δύνασθαι ἂν εἴη ἀμείνων.

ΜΕΝ. Πάνυ γε.

ΣΩ. Τοῦτ' ἔστιν ἄρα, ὡς ἔοικε, κατὰ τὸν σὸν λόγον ἀρετή, [c] δύναμις τοῦ πορίζεσθαι τἀγαθά.

ΜΕΝ. Παντάπασί μοι δοκεῖ, ὦ Σώκρατες, οὕτως ἔχειν ὡς σὺ νῦν ὑπολαμβάνεις.

ΣΩ. Ἴδωμεν δὴ καὶ τοῦτο εἰ ἀληθὲς λέγεις· ἴσως γὰρ ἂν εὖ λέγοις. τἀγαθὰ φῂς οἷόν τ' εἶναι πορίζεσθαι ἀρετὴν εἶναι;

ΜΕΝ. Ἔγωγε.

ΣΩ. Ἀγαθὰ δὲ καλεῖς οὐχὶ οἷον ὑγίειάν τε καὶ πλοῦτον;

ΜΕΝ. Καὶ χρυσίον λέγω καὶ ἀργύριον κτᾶσθαι καὶ τιμὰς ἐν πόλει καὶ ἀρχάς.

ΣΩ. Μὴ ἄλλ' ἄττα λέγεις τἀγαθὰ ἢ τὰ τοιαῦτα;

ΜΕΝ. Οὔκ, ἀλλὰ [d] πάντα λέγω τὰ τοιαῦτα.

wenn er nicht selbst elend und unglücklich sein will. Denn was ist elend sein anderes, als das Schlechte zu begehren und erwerben zu wollen[45]?

Menon. [b] Es scheint, dass du recht hast, Sokrates, und dass niemand das Schlechte will.[46]

Sokrates. Hast du nicht eben gesagt, die Tugend sei, das Gute zu wollen und dazu fähig zu sein?

Menon. Ja, das habe ich gesagt.

Sokrates. Kommt nicht von dem, was du sagst,[47] das Wollen allen zu, und ist nicht in dieser Beziehung keiner besser als der andere?

Menon. Es scheint so.

Sokrates. Aber dann ist klar, dass, wenn einer besser ist als der andere, er hinsichtlich seiner Fähigkeit dazu besser ist.

Menon. Allerdings.

Sokrates. Das ist also, wie es scheint, nach deinen Worten die Tugend: [c] die Fähigkeit, sich das Gute zu verschaffen.

Menon. Ich glaube, Sokrates, dass es sich genauso verhält, wie du es jetzt annimmst.

Sokrates. Schauen wir nun, ob das wahr ist, was du sagst. Denn vielleicht hast du ja recht. Du sagst also, die Fähigkeit, sich das Gute zu verschaffen, sei die Tugend.

Menon. Ja, das sage ich.

Sokrates. Mit »Gutes« meinst du da nicht etwas wie Gesundheit und Reichtum?

Menon. Ich meine damit auch den Besitz von Gold und Silber sowie Ansehen und Ämter im Staat.

Sokrates. Meinst du mit »Gutes« nicht auch noch anderes als das?

Menon. Nein, sondern [d] all das meine ich damit.

ΣΩ. Εἶεν· χρυσίον δὲ δὴ καὶ ἀργύριον πορίζεσθαι ἀρετή ἐστιν, ὥς φησι Μένων ὁ τοῦ μεγάλου βασιλέως πατρικὸς ξένος. πότερον προστιθεῖς τούτῳ τῷ πόρῳ, ὦ Μένων, τὸ δικαίως καὶ ὁσίως, ἢ οὐδέν σοι διαφέρει, ἀλλὰ κἂν ἀδίκως τις αὐτὰ πορίζηται, ὁμοίως σὺ αὐτὰ ἀρετὴν καλεῖς;

ΜΕΝ. Οὐ δήπου, ὦ Σώκρατες.

ΣΩ. Ἀλλὰ κακίαν.

ΜΕΝ. Πάντως δήπου.

ΣΩ. Δεῖ ἄρα, ὡς ἔοικε, τούτῳ τῷ πόρῳ δικαιοσύνην ἢ σωφροσύνην ἢ [e] ὁσιότητα προσεῖναι, ἢ ἄλλο τι μόριον ἀρετῆς· εἰ δὲ μή, οὐκ ἔσται ἀρετή, καίπερ ἐκπορίζουσα τἀγαθά.

ΜΕΝ. Πῶς γὰρ ἄνευ τούτων ἀρετὴ γένοιτ' ἄν;

ΣΩ. Τὸ δὲ μὴ ἐκπορίζειν χρυσίον καὶ ἀργύριον, ὅταν μὴ δίκαιον ᾖ, μήτε αὑτῷ μήτε ἄλλῳ, οὐκ ἀρετὴ καὶ αὕτη ἐστὶν ἡ ἀπορία;

ΜΕΝ. Φαίνεται.

ΣΩ. Οὐδὲν ἄρα μᾶλλον ὁ πόρος τῶν τοιούτων ἀγαθῶν ἢ ἡ ἀπορία ἀρετὴ ἂν εἴη, ἀλλά, ὡς ἔοικεν, ὃ μὲν ἂν μετὰ δικαιοσύνης γίγνηται, ἀρετὴ [79a] ἔσται, ὃ δ' ἂν ἄνευ πάντων τῶν τοιούτων, κακία.

ΜΕΝ. Δοκεῖ μοι ἀναγκαῖον εἶναι ὡς λέγεις.

ΣΩ. Οὐκοῦν τούτων ἕκαστον ὀλίγον πρότερον μόριον ἀρετῆς ἔφαμεν εἶναι, τὴν δικαιοσύνην καὶ σωφροσύνην καὶ πάντα τὰ τοιαῦτα;

Sokrates. Nun gut. Sich Gold und Silber zu verschaffen ist also Tugend, wie Menon behauptet, der väterlicherseits ein Gastfreund des Großkönigs[48] ist. Möchtest du, Menon, zu diesem Verschaffen noch hinzufügen: »auf gerechte und fromme Weise«, oder macht es für dich keinen Unterschied und nennst du es auch dann Tugend, wenn sich einer diese Dinge auf ungerechte Weise verschafft?

Menon. Keinesfalls, Sokrates.

Sokrates. Sondern Schlechtigkeit?

Menon. Ja, ganz gewiss.

Sokrates. Es muss also bei diesem Verschaffen Gerechtigkeit oder Besonnenheit oder [e] Frömmigkeit dabei sein oder irgendein anderer Teil der Tugend. Ist das nicht der Fall, dann ist es keine Tugend, auch wenn dabei das Gute erworben wird.

Menon. Wie könnte es ohne diese Eigenschaften eine Tugend sein?

Sokrates. Wäre aber der unrechtmäßige Erwerb von Gold und Silber, sei es für sich oder für einen anderen, keine Tugend, dann wäre es doch eine Tugend, auf den Erwerb zu verzichten.

Menon. Offenbar.

Sokrates. Der Erwerb dieser Güter wäre also nicht mehr Tugend als der Verzicht darauf; denn wie es scheint, wird das, was mit Gerechtigkeit zustande kommt, Tugend [79a] sein, was aber ohne all diese Eigenschaften zustande kommt, Schlechtigkeit.

Menon. Ich glaube, was du sagst, ist zwingend.

Sokrates. Haben wir nicht gerade vorhin gesagt, dass jede dieser Eigenschaften ein Teil der Tugend ist, die Gerechtigkeit, die Besonnenheit und all das?

ΜΕΝ. Ναί.

ΣΩ. Εἶτα, ὦ Μένων, παίζεις πρός με;

ΜΕΝ. Τί δή, ὦ Σώκρατες;

ΣΩ. Ὅτι ἄρτι ἐμοῦ δεηθέντος σου μὴ καταγνύναι μηδὲ κερματίζειν τὴν ἀρετήν, καὶ δόντος παραδείγματα καθ' ἃ δέοι ἀποκρίνεσθαι, τούτου μὲν ἠμέλησας, λέγεις δέ μοι ὅτι ἀρετή [b] ἐστιν οἷόν τ' εἶναι τἀγαθὰ πορίζεσθαι μετὰ δικαιοσύνης· τοῦτο δὲ φῂς μόριον ἀρετῆς εἶναι;

ΜΕΝ. Ἔγωγε.

ΣΩ. Οὐκοῦν συμβαίνει ἐξ ὧν σὺ ὁμολογεῖς, τὸ μετὰ μορίου ἀρετῆς πράττειν ὅτι ἂν πράττῃ, τοῦτο ἀρετὴν εἶναι· τὴν γὰρ δικαιοσύνην μόριον φῂς ἀρετῆς εἶναι, καὶ ἕκαστα τούτων.

ΜΕΝ. Τί οὖν δή;

ΣΩ. Τοῦτο λέγω, ὅτι ἐμοῦ δεηθέντος ὅλον εἰπεῖν τὴν ἀρετήν, αὐτὴν μὲν πολλοῦ δεῖς εἰπεῖν ὅτι ἐστίν, πᾶσαν δὲ φῂς πρᾶξιν ἀρετὴν εἶναι, ἐάνπερ μετὰ μορίου [c] ἀρετῆς πράττηται, ὥσπερ εἰρηκὼς ὅτι ἀρετή ἐστιν τὸ ὅλον καὶ ἤδη γνωσομένου ἐμοῦ, καὶ ἐὰν σὺ κατακερματίζῃς αὐτὴν κατὰ μόρια. δεῖται οὖν σοι πάλιν ἐξ ἀρχῆς, ὡς ἐμοὶ δοκεῖ, τῆς αὐτῆς ἐρωτήσεως, ὦ φίλε Μένων, τί ἐστιν ἀρετή, εἰ μετὰ μορίου ἀρετῆς πᾶσα πρᾶξις ἀρετὴ ἂν εἴη; τοῦτο γάρ ἐστιν λέγειν, ὅταν λέγῃ τις, ὅτι πᾶσα ἡ μετὰ δικαιοσύνης πρᾶξις ἀρετή ἐστιν. ἢ οὐ δοκεῖ σοι πάλιν δεῖσθαι τῆς αὐτῆς ἐρωτήσεως, ἀλλ' οἴει τινὰ εἰδέναι μόριον ἀρετῆς ὅτι ἐστίν, αὐτὴν μὴ εἰδότα;

Menon. Ja.

Sokrates. Dann, Menon, treibst du wohl deine Scherze mit mir?

Menon. Wieso denn, Sokrates?

Sokrates. Weil du, obwohl ich dich eben gebeten habe, die Tugend nicht zu zerteilen und zu zerstückeln, und dir Beispiele gegeben habe, wie du antworten solltest, dich nicht daran gehalten hast und mir sagst, Tugend [b] bedeute, imstande zu sein, sich das Gute mit Gerechtigkeit zu verschaffen. Diese aber, sagst du, sei ein Bestandteil der Tugend?[49]

Menon. Das sage ich.

Sokrates. Also ergibt sich aus dem, was du zugestehst, dass es Tugend ist, wenn man das, was man tut, mit einem Teil der Tugend tut. Denn du sagst ja, die Gerechtigkeit und alles Derartige sei ein Teil der Tugend.

Menon. Was heißt das nun?

Sokrates. Ich sage das, da ich dich gebeten habe, die Tugend als Ganzes zu bestimmen, du aber weit davon entfernt bist, zu sagen, was sie ist; vielmehr nennst du jedes Tun Tugend, wenn es mit einem Teil der Tugend getan wird, als ob du schon [c] die Tugend als Ganzes bestimmt hättest und ich sie bereits erkennen könnte, auch wenn du sie in Teile zerstückelst. Daher muss ich dir, lieber Menon, wie ich glaube, nochmals dieselbe Frage stellen wie am Anfang: Was ist die Tugend, wenn jedes Tun mit einem Teil der Tugend Tugend sein soll? Wenn einer das sagt, so bedeutet es doch, dass jedes Tun mit Gerechtigkeit Tugend ist. Glaubst du nicht auch, dass wir uns nochmals dieselbe Frage stellen müssen, oder bist du der Meinung, jemand könne wissen, was ein Teil der Tugend ist, ohne zu wissen, was die Tugend selbst ist?

ΜΕΝ. Οὐκ ἔμοιγε δοκεῖ.

ΣΩ. [d] Εἰ γὰρ καὶ μέμνησαι, ὅτ' ἐγώ σοι ἄρτι ἀπεκρινάμην περὶ τοῦ σχήματος, ἀπεβάλλομέν που τὴν τοιαύτην ἀπόκρισιν τὴν διὰ τῶν ἔτι ζητουμένων καὶ μήπω ὡμολογημένων ἐπιχειροῦσαν ἀποκρίνεσθαι.

ΜΕΝ. Καὶ ὀρθῶς γε ἀπεβάλλομεν, ὦ Σώκρατες.

ΣΩ. Μὴ τοίνυν, ὦ ἄριστε, μηδὲ σὺ ἔτι ζητουμένης ἀρετῆς ὅλης ὅτι ἐστὶν οἴου διὰ τῶν ταύτης μορίων ἀποκρινόμενος δηλώσειν αὐτὴν ὁτῳοῦν, ἢ ἄλλο ὁτιοῦν τούτῳ τῷ αὐτῷ [e] τρόπῳ λέγων, ἀλλὰ πάλιν τῆς αὐτῆς δεήσεσθαι ἐρωτήσεως, τίνος ὄντος ἀρετῆς λέγεις ἃ λέγεις· ἢ οὐδέν σοι δοκῶ λέγειν;

ΜΕΝ. Ἔμοιγε δοκεῖς ὀρθῶς λέγειν.

ΣΩ. Ἀπόκριναι τοίνυν πάλιν ἐξ ἀρχῆς· τί φῂς ἀρετὴν εἶναι καὶ σὺ καὶ ὁ ἑταῖρός σου;

ΜΕΝ. Ὦ Σώκρατες, ἤκουον μὲν ἔγωγε πρὶν καὶ [80a] συγγενέσθαι σοι ὅτι σὺ οὐδὲν ἄλλο ἢ αὐτός τε ἀπορεῖς καὶ τοὺς ἄλλους ποιεῖς ἀπορεῖν· καὶ νῦν, ὥς γέ μοι δοκεῖς, γοητεύεις με καὶ φαρμάττεις καὶ ἀτεχνῶς κατεπᾴδεις, ὥστε μεστὸν ἀπορίας γεγονέναι. καὶ δοκεῖς μοι παντελῶς, εἰ δεῖ τι καὶ σκῶψαι, ὁμοιότατος εἶναι τό τε εἶδος καὶ τἆλλα ταύτῃ τῇ πλατείᾳ νάρκῃ τῇ θαλαττίᾳ· καὶ γὰρ αὕτη τὸν ἀεὶ πλησιάζοντα καὶ ἁπτόμενον ναρκᾶν ποιεῖ, καὶ σὺ δοκεῖς μοι νῦν ἐμὲ τοιοῦτόν τι πεποιηκέναι, [ναρκᾶν]· ἀληθῶς γὰρ ἔγωγε καὶ [b] τὴν ψυχὴν καὶ τὸ στόμα ναρκῶ, καὶ οὐκ ἔχω ὅτι ἀποκρίνωμαί σοι. καίτοι

Menon. Der Meinung bin ich nicht.

Sokrates. [d] Erinnerst du dich noch, was ich dir eben auf die Frage nach der Figur geantwortet habe? Da haben wir doch eine solche Antwort verworfen, die das verwendete, was erst noch gesucht wurde und worüber wir uns noch nicht geeinigt hatten.

Menon. Mit Recht haben wir das verworfen, Sokrates.

Sokrates. Dann, mein Bester, glaube auch du nicht, du könntest die Tugend, solange wir noch suchen, was sie als Ganzes sei, irgendjemandem erklären, indem du in deiner Antwort mit ihren Teilen herumargumentierst oder sonst irgendetwas auf diese [e] Art sagst;[50] ich glaube vielmehr, dass man dieselbe Frage nochmals wird stellen müssen[51]: von welcher Tugend sprichst du in deinen Ausführungen? Oder findest du, an dem, was ich sage, ist nichts dran?

Menon. Ich glaube, dass du recht hast.

Sokrates. Dann antworte wieder von vorne: Was meint ihr, du und dein Freund[52], was Tugend sei?

Menon. Ach, Sokrates, schon ehe ich [80a] mit dir zusammengekommen bin, ist mir wiederholt[53] zu Ohren gekommen, dass du selbst nichts anderes als ratlos bist und die anderen ratlos machst. Auch jetzt, habe ich den Eindruck, behext und bezauberst[54] du mich und betörst mich geradezu mit Zaubersprüchen, so dass ich völlig ratlos bin[55]. Wenn mir einmal ein Scherz erlaubt ist, ich finde, du gleichst in deinem Äußeren und auch sonst ganz und gar dem flachen Zitterrochen im Meer. Denn auch dieser lässt jeden erstarren, der sich ihm nähert oder ihn berührt; und so etwas, scheint mir, machst du jetzt auch mit mir. Denn wahrhaftig, auch ich bin, [b] was meine Seele und das Sprechen betrifft, gelähmt und bin nicht imstande, dir zu ant-

μυριάκις γε περὶ ἀρετῆς παμπόλλους λόγους εἴρηκα καὶ πρὸς πολλούς, καὶ πάνυ εὖ, ὥς γε ἐμαυτῷ ἐδόκουν· νῦν δὲ οὐδ' ὅτι ἐστὶν τὸ παράπαν ἔχω εἰπεῖν. καί μοι δοκεῖς εὖ βουλεύεσθαι οὐκ ἐκπλέων ἐνθένδε οὐδ' ἀποδημῶν· εἰ γὰρ ξένος ἐν ἄλλῃ πόλει τοιαῦτα ποιοῖς, τάχ' ἂν ὡς γόης ἀπαχθείης.

ΣΩ. Πανοῦργος εἶ, ὦ Μένων, καὶ ὀλίγου ἐξηπάτησάς με.

ΜΕΝ. Τί μάλιστα, ὦ Σώκρατες;

ΣΩ. [c] Γιγνώσκω οὗ ἕνεκά με ᾔκασας.

ΜΕΝ. Τίνος δὴ οἴει;

ΣΩ. Ἵνα σε ἀντεικάσω. ἐγὼ δὲ τοῦτο οἶδα περὶ πάντων τῶν καλῶν, ὅτι χαίρουσιν εἰκαζόμενοι – λυσιτελεῖ γὰρ αὐτοῖς· καλαὶ γὰρ οἶμαι τῶν καλῶν καὶ αἱ εἰκόνες – ἀλλ' οὐκ ἀντεικάσομαί σε. ἐγὼ δέ, εἰ μὲν ἡ νάρκη αὐτὴ ναρκῶσα οὕτω καὶ τοὺς ἄλλους ποιεῖ ναρκᾶν, ἔοικα αὐτῇ· εἰ δὲ μή, οὔ. οὐ γὰρ εὐπορῶν αὐτὸς τοὺς ἄλλους ποιῶ [d] ἀπορεῖν, ἀλλὰ παντὸς μᾶλλον αὐτὸς ἀπορῶν οὕτως καὶ τοὺς ἄλλους ποιῶ ἀπορεῖν. καὶ νῦν περὶ ἀρετῆς ὃ ἔστιν ἐγὼ μὲν οὐκ οἶδα, σὺ μέντοι ἴσως πρότερον μὲν ᾔδησθα πρὶν ἐμοῦ ἅψασθαι, νῦν μέντοι ὅμοιος εἶ οὐκ εἰδότι. ὅμως δὲ ἐθέλω μετὰ σοῦ σκέψασθαι καὶ συζητῆσαι ὅτι ποτέ ἐστιν.

ΜΕΝ. Καὶ τίνα τρόπον ζητήσεις, ὦ Σώκρατες, τοῦτο ὃ μὴ οἶσθα τὸ παράπαν ὅτι ἐστίν; ποῖον γὰρ ὧν οὐκ οἶσθα προ-

worten. Gleichwohl habe ich schon tausend Mal unzählige Reden vor einem großen Publikum über die Tugend gehalten, und das recht gut, wie ich meine. Jetzt aber weiß ich durchaus nicht zu sagen, was sie ist. Und du wärest wahrscheinlich gut beraten, von hier nicht wegzugehen oder zu verreisen. Denn tätest du solches als Fremder in einer anderen Stadt, dann würde man dich als Hexer verhaften.

Sokrates. Hinterlistig bist du und hättest mich fast reingelegt.

Menon. Wieso denn das, Sokrates?

Sokrates. [c] Ich merke schon, warum du diesen Vergleich mit mir angestellt hast.

Menon. Warum denn, glaubst du?

Sokrates. Damit im Gegenzug auch ich dich mit etwas vergleiche. Ich weiß ja, dass alle Schönen gerne verglichen werden, denn das ist für sie zum Vorteil. Schließlich sind, glaube ich, die Vergleichsbilder für schöne Leute auch schön. Aber ich will keinen Vergleich mit dir anstellen. Und was mich betrifft, so gleiche ich einem Zitterrochen nur, wenn er selbst so gelähmt ist, wie er es mit den anderen macht, sonst aber nicht. Denn es ist nicht so, dass ich selbst Bescheid weiß und die anderen ratlos mache, vielmehr bin ich selbst ratlos, und so mache ich auch die anderen [d] ratlos. Auch jetzt bei der Tugend weiß ich nicht, was sie ist, du aber wusstest es vielleicht früher[56], bevor du noch an mich geraten bist; jetzt freilich sieht es ganz so aus, als wüsstest du es nicht. Trotzdem will ich mit dir zusammen überlegen und gemeinsam suchen, was Tugend eigentlich ist.

Menon. Wie willst du etwas suchen, Sokrates, von dem du gar nicht weißt, was es ist? Wie stellst du dir seine Beschaffenheit unter den (vielen) Dingen, die du nicht kennst,

θέμενος ζητήσεις; ἢ εἰ καὶ ὅτι μάλιστα ἐντύχοις αὐτῷ, πῶς εἴσῃ ὅτι τοῦτό ἐστιν ὃ σὺ οὐκ ᾔδησθα;

ΣΩ. [e] Μανθάνω οἷον βούλει λέγειν, ὦ Μένων. ὁρᾷς τοῦτον ὡς ἐριστικὸν λόγον κατάγεις, ὡς οὐκ ἄρα ἔστιν ζητεῖν ἀνθρώπῳ οὔτε ὃ οἶδε οὔτε ὃ μὴ οἶδε; οὔτε γὰρ ἂν ὅ γε οἶδεν ζητοῖ – οἶδεν γάρ, καὶ οὐδὲν δεῖ τῷ γε τοιούτῳ ζητήσεως – οὔτε ὃ μὴ οἶδεν – οὐδὲ γὰρ οἶδεν ὅτι ζητήσει.

ΜΕΝ. [81a] Οὐκοῦν καλῶς σοι δοκεῖ λέγεσθαι ὁ λόγος οὗτος, ὦ Σώκρατες;

ΣΩ. Οὐκ ἔμοιγε.

ΜΕΝ. Ἔχεις λέγειν ὅπῃ;

ΣΩ. Ἔγωγε· ἀκήκοα γὰρ ἀνδρῶν τε καὶ γυναικῶν σοφῶν περὶ τὰ θεῖα πράγματα –

ΜΕΝ. Τίνα λόγον λεγόντων;

ΣΩ. Ἀληθῆ, ἔμοιγε δοκεῖν, καὶ καλόν.

ΜΕΝ. Τίνα τοῦτον, καὶ τίνες οἱ λέγοντες;

ΣΩ. Οἱ μὲν λέγοντές εἰσι τῶν ἱερέων τε καὶ τῶν ἱερειῶν ὅσοις μεμέληκε περὶ ὧν μεταχειρίζονται λόγον οἵοις τ' εἶναι [b] διδόναι· λέγει δὲ καὶ Πίνδαρος καὶ ἄλλοι πολλοὶ τῶν ποιητῶν ὅσοι θεῖοί εἰσιν. ἃ δὲ λέγουσιν, ταυτί ἐστιν· ἀλλὰ σκόπει εἴ σοι δοκοῦσιν ἀληθῆ λέγειν. φασὶ γὰρ τὴν ψυχὴν τοῦ ἀνθρώπου εἶναι ἀθάνατον, καὶ τοτὲ μὲν τελευτᾶν – ὃ δὴ ἀποθνῄσκειν καλοῦσι – τοτὲ δὲ πάλιν γίγνεσθαι, ἀπόλλυσθαι δ' οὐδέποτε· δεῖν δὴ διὰ ταῦτα ὡς ὁσιώτατα διαβιῶναι τὸν βίον· οἷσιν γὰρ ἂν –

vor, um es zu suchen? Und selbst wenn du just auf das Gesuchte stößt, wie willst du wissen, dass es das ist, was du ja nicht kennst?[57]

Sokrates. [e] Ich verstehe, was du sagen willst, Menon. Siehst du, dass du damit ein spitzfindiges Argument einführst? Dass es nämlich für einen Menschen unmöglich ist, etwas zu suchen, weder etwas, das er kennt, noch etwas, das er nicht kennt. Denn was er kennt, würde er ja nicht suchen – er kennt es ja, was ihm die Suche überflüssig macht –, aber auch das nicht, was er nicht kennt, denn er weiß ja nicht, was er suchen soll.

Menon. [81a] Also scheint dir dieses Argument nicht gut, Sokrates?

Sokrates. Keineswegs.

Menon. Kannst du sagen, wieso?

Sokrates. Ja, das kann ich. Ich hörte nämlich von Männern und Frauen, die in göttlichen Dingen bewandert sind …[58]

Menon. Und welches Argument brachten sie vor?

Sokrates. Ein wahres und, meines Erachtens, schönes.

Menon. Was für eines, und wer sind diese Leute?

Sokrates. Die es vorbrachten, gehören zu den Priestern und Priesterinnen, denen es darum geht, über das, womit sie sich beschäftigen, Rechenschaft [b] geben zu können.[59] Aber auch bei Pindar[60] findet es sich und bei vielen anderen Dichtern, soweit sie göttlich sind. Was sie sagen, ist Folgendes: Überlege, ob sie dir die Wahrheit zu sagen scheinen. Sie behaupten nämlich, die Seele des Menschen sei unsterblich; zwar nehme sie einmal ein Ende – was man sterben nennt –, dann aber entstehe sie wieder von Neuem, zugrunde gehe sie jedoch nie. Daher müsse man sein Leben so fromm wie möglich verbringen. Denn von welchen

Φερσεφόνα ποινὰν παλαιοῦ πένθεος
δέξεται, εἰς τὸν ὕπερθεν ἅλιον κείνων ἐνάτῳ ἔτεϊ
ἀνδιδοῖ ψυχὰς πάλιν,
[c] ἐκ τᾶν βασιλῆες ἀγαυοὶ
καὶ σθένει κραιπνοὶ σοφίᾳ τε μέγιστοι
ἄνδρες αὔξοντ'· ἐς δὲ τὸν λοιπὸν χρόνον ἥρωες ἁγνοὶ
πρὸς ἀνθρώπων καλεῦνται.

Ἅτε οὖν ἡ ψυχὴ ἀθάνατός τε οὖσα καὶ πολλάκις γεγονυῖα, καὶ ἑωρακυῖα καὶ τὰ ἐνθάδε καὶ τὰ ἐν Ἅιδου καὶ πάντα χρήματα, οὐκ ἔστιν ὅτι οὐ μεμάθηκεν· ὥστε οὐδὲν θαυμαστὸν καὶ περὶ ἀρετῆς καὶ περὶ ἄλλων οἷόν τ' εἶναι αὐτὴν ἀναμνησθῆναι, ἅ γε καὶ πρότερον ἠπίστατο. ἅτε γὰρ τῆς φύσεως [d] ἁπάσης συγγενοῦς οὔσης, καὶ μεμαθηκυίας τῆς ψυχῆς ἅπαντα, οὐδὲν κωλύει ἓν μόνον ἀναμνησθέντα – ὃ δὴ μάθησιν καλοῦσιν ἄνθρωποι – τἆλλα πάντα αὐτὸν ἀνευρεῖν, ἐάν τις ἀνδρεῖος ᾖ καὶ μὴ ἀποκάμνῃ ζητῶν· τὸ γὰρ ζητεῖν ἄρα καὶ τὸ μανθάνειν ἀνάμνησις ὅλον ἐστίν. οὔκουν δεῖ πείθεσθαι τούτῳ τῷ ἐριστικῷ λόγῳ· οὗτος μὲν γὰρ ἂν ἡμᾶς ἀργοὺς ποιήσειεν καὶ ἔστιν τοῖς μαλακοῖς τῶν ἀνθρώπων ἡδὺς ἀκοῦσαι, ὅδε [e] δὲ ἐργατικούς τε καὶ ζητητικοὺς ποιεῖ ᾧ ἐγὼ πιστεύων ἀληθεῖ εἶναι ἐθέλω μετὰ σοῦ ζητεῖν ἀρετὴ ὅτι ἐστίν.

ΜΕΝ. Ναί, ὦ Σώκρατες· ἀλλὰ πῶς λέγεις τοῦτο, ὅτι οὐ μανθάνομεν, ἀλλὰ ἣν καλοῦμεν μάθησιν ἀνάμνησίς ἐστιν; ἔχεις με τοῦτο διδάξαι ὡς οὕτως ἔχει;

Persephone schon die Sühne des alten Frevels[61]
erhalten hat, deren Seelen gibt sie zur Sonne hinauf
im neunten Jahre[62] zurück;
[c] aus ihnen werden erhabene Herrscher
und Männer, reißend an Kraft und gewaltig an
Weisheit;
heilige Helden werden sie für alle Zeiten
von den Menschen genannt.[63]

Da die Seele also unsterblich ist[64] und immer wieder geboren wird, und da sie alles gesehen hat, was hier und im Hades ist, gibt es nichts, wovon sie nicht Kenntnis hat. Deshalb ist es nicht verwunderlich, dass sie sich bei der Tugend und bei den anderen Dingen an das erinnern kann, was sie ja schon früher wusste. Denn da die Natur [d] ein in sich zusammenhängendes Ganzes ist und die Seele alles gelernt hat, so spricht nichts dagegen, dass einer, der sich zunächst nur an eine Sache erinnert – was die Menschen Lernen nennen –, auch alles andere herausfindet, wenn er nur standhaft ist und bei der Suche nicht müde wird. Denn das Suchen und das Lernen ist ganz und gar ein Wiedererinnern. Daher darf man jenem spitzfindigen Argument[65] nicht trauen; denn es würde uns nur träge machen und ist nur für weichliche Menschen süß anzuhören, dieses[66] dagegen macht die Menschen regsam und eifrig bei der Suche. [e] Im Vertrauen darauf, dass es richtig ist, will ich nun mit dir zusammen danach suchen, was die Tugend ist.

Menon. Ja, Sokrates. Aber wie[67] meinst du es damit, dass wir nicht lernen, sondern dass unser sogenanntes Lernen Wiedererinnerung sei? Kannst du mich darüber belehren, dass es sich so verhält?

ΣΩ. Καὶ ἄρτι εἶπον, ὦ Μένων, ὅτι πανοῦργος εἶ, καὶ [82a] νῦν ἐρωτᾷς εἰ ἔχω σε διδάξαι, ὃς οὔ φημι διδαχὴν εἶναι ἀλλ' ἀνάμνησιν, ἵνα δὴ εὐθὺς φαίνωμαι αὐτὸς ἐμαυτῷ τἀναντία λέγων.

ΜΕΝ. Οὐ μὰ τὸν Δία, ὦ Σώκρατες, οὐ πρὸς τοῦτο βλέψας εἶπον, ἀλλ' ὑπὸ τοῦ ἔθους· ἀλλ' εἴ πώς μοι ἔχεις ἐνδείξασθαι ὅτι ἔχει ὥσπερ λέγεις, ἔνδειξαι.

ΣΩ. Ἀλλ' ἔστι μὲν οὐ ῥᾴδιον, ὅμως δὲ ἐθέλω προθυμηθῆναι σοῦ ἕνεκα. ἀλλά μοι προσκάλεσον τῶν πολλῶν [b] ἀκολούθων τουτωνὶ τῶν σαυτοῦ ἕνα, ὅντινα βούλει, ἵνα ἐν τούτῳ σοι ἐπιδείξωμαι.

ΜΕΝ. Πάνυ γε. δεῦρο πρόσελθε.

ΣΩ. Ἕλλην μέν ἐστι καὶ ἑλληνίζει;

ΜΕΝ. Πάνυ γε σφόδρα, οἰκογενής γε.

ΣΩ. Πρόσεχε δὴ τὸν νοῦν ὁπότερ' ἄν σοι φαίνηται, ἢ ἀναμιμνῃσκόμενος ἢ μανθάνων παρ' ἐμοῦ.

ΜΕΝ. Ἀλλὰ προσέξω.

ΣΩ. Εἰπὲ δή μοι, ὦ παῖ, γιγνώσκεις τετράγωνον χωρίον ὅτι τοιοῦτόν ἐστιν;

ΠΑΙ. Ἔγωγε.

ΣΩ. Ἔστιν οὖν [c] τετράγωνον χωρίον ἴσας ἔχον τὰς γραμμὰς ταύτας πάσας, τέτταρας οὔσας;

ΠΑΙ. Πάνυ γε.

ΣΩ. Οὐ καὶ ταυτασὶ τὰς διὰ μέσου ἐστὶν ἴσας ἔχον;

ΠΑΙ. Ναί.

Sokrates. Eben sagte ich, Menon, du seist hinterlistig, und [82a] jetzt fragst du mich, ob ich dich belehren kann, wo ich doch behaupte, dass es keine Belehrung gibt, sondern nur eine Wiedererinnerung; damit soll sich natürlich sofort zeigen, dass ich mir selbst widerspreche.

Menon. Beim Zeus, nein, mein Sokrates, nicht in dieser Absicht habe ich es gesagt, sondern aus reiner Gewohnheit. Aber wenn du mir irgendwie beweisen kannst, dass es sich so verhält, wie du sagst, dann tue es.

Sokrates. Leicht ist es nicht, gleichwohl will ich es deinetwegen versuchen. Aber rufe mir einen Beliebigen aus deinem zahlreichen [b] Gefolge hier herbei, damit ich es dir an ihm beweise.

Menon. Gern. Du dort, komm her.

Sokrates. Ist er Grieche und spricht er Griechisch?

Menon. Sehr gut sogar, ist er doch in meinem Haus geboren.

Sokrates. Gib jetzt gut acht, was von beiden in deinen Augen zutrifft, ob er sich wiedererinnert oder ob er von mir lernt.

Menon. Ich werde genau aufpassen.

Sokrates. Sag mir, Bursche, weißt du, dass so eine Figur ein Viereck[68] ist? *(Sokrates zeichnet hier und im Folgenden das Gemeinte in den Sand.)*

Sklave. Ja.

Sokrates. Ist es möglich, dass [c] ein Viereck lauter gleich lange Seiten hat, also alle vier?

Sklave. Gewiss.

Sokrates. Sind nicht auch die Linien, die durch die Mitte gehen, von gleicher Länge?[69]

Sklave. Ja.

ΣΩ. Οὐκοῦν εἴη ν τοιοῦτον χωρίον καὶ μεῖζον καὶ ἔλαττον;

ΠΑΙ. Πάνυ γε.

ΣΩ. Εἰ οὖν εἴη αὕτη ἡ πλευρὰ δυοῖν ποδοῖν καὶ αὕτη δυοῖν, πόσων ἂν εἴη ποδῶν τὸ ὅλον; ὧδε δὲ σκόπει· εἰ ἦν ταύτῃ δυοῖν ποδοῖν, ταύτῃ δὲ ἑνὸς ποδὸς μόνον, ἄλλο τι ἅπαξ ἂν ἦν δυοῖν ποδοῖν τὸ χωρίον;

ΠΑΙ. [d] Ναί.

ΣΩ. Ἐπειδὴ δὲ δυοῖν ποδοῖν καὶ ταύτῃ, ἄλλο τι ἢ δὶς δυοῖν γίγνεται;

ΠΑΙ. Γίγνεται.

ΣΩ. Δυοῖν ἄρα δὶς γίγνεται ποδῶν;

ΠΑΙ. Ναί.

ΣΩ. Πόσοι οὖν εἰσιν οἱ δύο δὶς πόδες; λογισάμενος εἰπέ.

ΠΑΙ. Τέτταρες, ὦ Σώκρατες.

ΣΩ. Οὐκοῦν γένοιτ' ἂν τούτου τοῦ χωρίου ἕτερον διπλάσιον, τοιοῦτον δέ, ἴσας ἔχον πάσας τὰς γραμμὰς ὥσπερ τοῦτο;

ΠΑΙ. Ναί.

ΣΩ. Πόσων οὖν ἔσται ποδῶν;

ΠΑΙ. Ὀκτώ.

ΣΩ. Φέρε δή, πειρῶ μοι εἰπεῖν πηλίκη τις ἔσται [e] ἐκείνου ἡ γραμμὴ ἑκάστη. ἡ μὲν γὰρ τοῦδε δυοῖν ποδοῖν· τί δὲ ἡ ἐκείνου τοῦ διπλασίου;

ΠΑΙ. Δῆλον δή, ὦ Σώκρατες, ὅτι διπλασία.

ΣΩ. Ὁρᾷς, ὦ Μένων, ὡς ἐγὼ τοῦτον οὐδὲν διδάσκω, ἀλλ' ἐρωτῶ πάντα; καὶ νῦν οὗτος οἴεται εἰδέναι ὁποία ἐστὶν ἀφ' ἧς τὸ ὀκτώπουν χωρίον γενήσεται· ἢ οὐ δοκεῖ σοι;

Sokrates. Kann ein solches Flächenstück nicht auch größer oder kleiner sein?

Sklave. Gewiss.

Sokrates. Wenn nun diese Seite zwei Fuß lang wäre und diese auch zwei Fuß, wie viel Fuß hätte das Ganze? Überlege es so: Wenn es hier zwei Fuß lang wäre, hier aber nur einen Fuß, wäre dann die Fläche nicht ein mal zwei Fuß?

Sklave. [d] Ja.

Sokrates. Da aber auch hier die Länge zwei Fuß beträgt, wird das etwas anderes als zwei mal zwei ergeben?

Sklave. Nein.

Sokrates. Also ergibt es zwei mal zwei?

Sklave. Ja.

Sokrates. Wie viel sind zwei mal zwei Fuß? Rechne es aus und sag es.

Sklave. Vier, Sokrates.

Sokrates. Könnte es nicht ein anderes doppelt so großes Flächenstück[70] von der gleichen Art geben, mit lauter gleichen Seiten wie dieses?

Sklave. Ja.

Sokrates. Wie viele Fuß[71] wird es dann haben?

Sklave. Acht.

Sokrates. Nun gut, versuche mir zu sagen, wie lang [e] jede Seite davon sein wird. Die von diesem hier ist zwei Fuß lang. Wie lang wird dann die Seite jenes doppelt so großen sein?

Sklave. Offenbar doppelt so lang, Sokrates.

Sokrates. Siehst du, Menon,[72] dass ich ihn nichts lehre, sondern alles nur erfrage? Und jetzt glaubt er zu wissen, wie groß die Seite ist, aus der das achtfüßige Flächenstück entstehen soll. Oder hast du nicht auch diesen Eindruck?

ΜΕΝ. Ἔμοιγε.

ΣΩ. Οἶδεν οὖν;

ΜΕΝ. Οὐ δῆτα.

ΣΩ. Οἴεται δέ γε ἀπὸ τῆς διπλασίας;

ΜΕΝ. Ναί.

ΣΩ. Θεῶ δὴ αὐτὸν ἀναμιμνῃσκόμενον ἐφεξῆς, ὡς δεῖ ἀναμιμνῄσκεσθαι.

Σὺ δέ μοι λέγε· ἀπὸ τῆς διπλασίας γραμμῆς φῂς τὸ [83a] διπλάσιον χωρίον γίγνεσθαι; τοιόνδε λέγω, μὴ ταύτῃ μὲν μακρόν, τῇ δὲ βραχύ, ἀλλὰ ἴσον πανταχῇ ἔστω ὥσπερ τουτί, διπλάσιον δὲ τούτου, ὀκτώπουν· ἀλλ' ὅρα εἰ ἔτι σοι ἀπὸ τῆς διπλασίας δοκεῖ ἔσεσθαι.

ΠΑΙ. Ἔμοιγε.

ΣΩ. Οὐκοῦν διπλασία αὕτη ταύτης γίγνεται, ἂν ἑτέραν τοσαύτην προσθῶμεν ἐνθένδε;

ΠΑΙ. Πάνυ γε.

ΣΩ. Ἀπὸ ταύτης δή, φῄς, ἔσται τὸ ὀκτώπουν χωρίον, ἂν τέτταρες τοσαῦται [b] γένωνται;

ΠΑΙ. Ναί.

ΣΩ. Ἀναγραψώμεθα δὴ ἀπ' αὐτῆς ἴσας τέτταρας. ἄλλο τι ἢ τουτὶ ἂν εἴη ὃ φῂς τὸ ὀκτώπουν εἶναι;

ΠΑΙ. Πάνυ γε.

ΣΩ. Οὐκοῦν ἐν αὐτῷ ἐστιν ταυτὶ τέτταρα, ὧν ἕκαστον ἴσον τούτῳ ἐστὶν τῷ τετράποδι;

ΠΑΙ. Ναί.

Menon. Doch.

Sokrates. Weiß er es denn auch?

Menon. Sicherlich nicht.

Sokrates. Er glaubt ja, die Seite sei doppelt so lang.

Menon. Ja.

Sokrates. Sieh nun, wie er sich Schritt für Schritt wiedererinnert, gerade so, wie man sich eben erinnern muss. *(Zum Sklaven gewandt:)* Du aber sag mir: Aus der doppelt so großen Seite soll deiner Meinung nach [83a] ein doppelt so großes Flächenstück entstehen? Ich meine aber nicht eines, das nicht auf der einen Seite lang, auf der anderen aber kurz ist, vielmehr soll es auf allen Seiten gleich lang sein, so wie dieses hier, aber doppelt so groß, nämlich acht Fuß. Nun sieh zu, ob du noch immer der Meinung bist, dass dieses Flächenstück die doppelt so große Seitenlänge hat.

Sklave. Ich glaube schon.

Sokrates. Wird diese Seite nicht doppelt so lang wie diese, wenn wir ihr eine andere gleichlange von diesem Punkt aus anfügen?

Sklave. Gewiss.

Sokrates. Aus dieser also, behauptest du, wird sich eine Fläche von acht Fuß ergeben, wenn die vier Seiten ebenso lang [b] sind?

Sklave. Ja.

Sokrates. Zeichnen[73] wir also von ihr aus vier gleich lange Seiten. Das wäre also jetzt nach deiner Behauptung das Flächenstück von acht Fuß?

Sklave. Sicher.

Sokrates. Sind in ihm nicht diese vier enthalten, deren jedes genauso groß ist wie dieses vier Fuß große?

Sklave. Ja.

ΣΩ. Πόσον οὖν γίγνεται; οὐ τετράκις τοσοῦτον;

ΠΑΙ. Πῶς δ' οὔ;

ΣΩ. Διπλάσιον οὖν ἐστιν τὸ τετράκις τοσοῦτον;

ΠΑΙ. Οὐ μὰ Δία.

ΣΩ. Ἀλλὰ ποσαπλάσιον;

ΠΑΙ. Τετραπλάσιον.

ΣΩ. Ἀπὸ τῆς διπλασίας [c] ἄρα, ὦ παῖ, οὐ διπλάσιον ἀλλὰ τετραπλάσιον γίγνεται χωρίον.

ΠΑΙ. Ἀληθῆ λέγεις.

ΣΩ. Τεττάρων γὰρ τετράκις ἐστὶν ἑκκαίδεκα. οὐχί;

ΠΑΙ. Ναί.

ΣΩ. Ὀκτώπουν δ' ἀπὸ ποίας γραμμῆς; οὐχὶ ἀπὸ μὲν ταύτης τετραπλάσιον;

ΠΑΙ. Φημί.

ΣΩ. Τετράπουν δὲ ἀπὸ τῆς ἡμισέας ταυτησὶ τουτί;

ΠΑΙ. Ναί.

ΣΩ. Εἶεν· τὸ δὲ ὀκτώπουν οὐ τοῦδε μὲν διπλάσιόν ἐστιν, τούτου δὲ ἥμισυ;

⟨ΠΑΙ. Ναί.⟩

ΣΩ. Οὐκ ἀπὸ μὲν μείζονος ἔσται ἢ τοσαύτης γραμμῆς, ἀπὸ ἐλάττονος δὲ ἢ [d] τοσησδί; ἢ οὔ;

ΠΑΙ. Ἔμοιγε δοκεῖ οὕτω.

ΣΩ. Καλῶς· τὸ γάρ σοι δοκοῦν τοῦτο ἀποκρίνου. καί μοι λέγε· οὐχ ἥδε μὲν δυοῖν ποδοῖν ἦν, ἡ δὲ τεττάρων;

ΠΑΙ. Ναί.

Sokrates. Wie groß ist es dann? Nicht viermal so groß?[74]

Sklave. Natürlich.

Sokrates. Das viermal so große ist dann zweimal so groß?

Sklave. Beim Zeus, nein.[75]

Sokrates. Sondern wie viel Mal?

Sklave. Viermal.

Sokrates. Aus der doppelten Seitenlänge, [c] mein Bursche, lässt sich also kein doppelt so großes Quadrat bilden, sondern nur ein viermal so großes.

Sklave. Da hast du Recht.

Sokrates. Vier mal vier ist sechzehn, nicht?

Sklave. Ja.

Sokrates. Aus welcher Seitenlänge ergibt sich ein Quadrat von acht Fuß? Aus dieser hier entsteht doch eines, das viermal so groß ist?

Sklave. Ja.

Sokrates. Und aus dieser Linie, die nur halb so groß ist, ein Quadrat von vier Fuß?

Sklave. Ja.

Sokrates. Nun gut. Ist nicht das acht Fuß große Flächenstück das Doppelte von diesem hier, aber nur die Hälfte von diesem anderen?

⟨*Sklave.* Ja.⟩

Sokrates. Wird also nicht die Seitenlänge, aus der es entsteht, größer sein als diese, aber kleiner als [d] diese hier? Oder nicht?

Sklave. Das glaube ich schon.

Sokrates. Schön. Antworte mir, wie es dir richtig scheint, und sage mir: War diese Linie nicht zwei Fuß lang, die andere aber vier?

Sklave. Ja.

ΣΩ. Δεῖ ἄρα τὴν τοῦ ὀκτώποδος χωρίου γραμμὴν μείζω μὲν εἶναι τῆσδε τῆς δίποδος, ἐλάττω δὲ τῆς τετράποδος.

ΠΑΙ. Δεῖ.

ΣΩ. [e] Πειρῶ δὴ λέγειν πηλίκην τινὰ φῂς αὐτὴν εἶναι.

ΠΑΙ. Τρίποδα.

ΣΩ. Οὐκοῦν ἄνπερ τρίπους ᾖ, τὸ ἥμισυ ταύτης προσληψόμεθα καὶ ἔσται τρίπους; δύο μὲν γὰρ οἵδε, ὁ δὲ εἷς· καὶ ἐνθένδε ὡσαύτως δύο μὲν οἵδε, ὁ δὲ εἷς· καὶ γίγνεται τοῦτο τὸ χωρίον ὃ φῄς.

ΠΑΙ. Ναί.

ΣΩ. Οὐκοῦν ἂν ᾖ τῇδε τριῶν καὶ τῇδε τριῶν, τὸ ὅλον χωρίον τριῶν τρὶς ποδῶν γίγνεται;

ΠΑΙ. Φαίνεται.

ΣΩ. Τρεῖς δὲ τρὶς πόσοι εἰσὶ πόδες;

ΠΑΙ. Ἐννέα.

ΣΩ. Ἔδει δὲ τὸ διπλάσιον πόσων εἶναι ποδῶν;

ΠΑΙ. Ὀκτώ.

ΣΩ. Οὐδ' ἄρ' ἀπὸ τῆς τρίποδός πω τὸ ὀκτώπουν χωρίον γίγνεται.

ΠΑΙ. Οὐ δῆτα.

ΣΩ. Ἀλλ' ἀπὸ ποίας; πειρῶ ἡμῖν εἰπεῖν ἀκριβῶς· καὶ [84a] εἰ μὴ βούλει ἀριθμεῖν, ἀλλὰ δεῖξον ἀπὸ ποίας.

ΠΑΙ. Ἀλλὰ μὰ τὸν Δία, ὦ Σώκρατες, ἔγωγε οὐκ οἶδα.

Sokrates. Es muss also die Seite des achtfüßigen Quadrats größer sein als diese Linie von zwei Fuß und kleiner als die von vier Fuß.

Sklave. Das muss sie.

Sokrates. [e] Versuche also zu sagen, wie lang sie deiner Meinung nach ist.

Sklave. Drei Fuß lang.

Sokrates. Wenn sie also drei Fuß lang sein soll, dann werden wir die Hälfte von dieser Seite hinzufügen, dann werden es doch drei Fuß sein? Denn das hier ist zwei Fuß lang, das aber einen. Und ebenso auf der anderen Seite: Dies hier sind zwei, dies ein Fuß. Und so entsteht das Flächenstück, das du meinst.[76]

Sklave. Ja.

Sokrates. Wenn es nun auf dieser Seite drei Fuß lang ist und auf der anderen Seite auch drei Fuß, dann wird doch die gesamte Fläche drei mal drei Fuß betragen?

Sklave. Offenbar.

Sokrates. Wie viel sind drei mal drei Fuß?

Sklave. Neun.

Sokrates. Wie viel Fuß aber sollte das doppelt so große Flächenstück haben?

Sklave. Acht.

Sokrates. Also ergibt auch die dreifüßige Seite kein achtfüßiges Quadrat?

Sklave. Offenbar nicht.

Sokrates. Aber wie groß muss sie dann sein? Versuche doch, uns das genau zu sagen; und [84a] wenn du es nicht ausrechnen willst, dann zeige uns doch die betreffende Linie[77].

Sklave. Beim Zeus, Sokrates, ich weiß es einfach nicht.

ΣΩ. Ἐννοεῖς αὖ, ὦ Μένων, οὗ ἐστιν ἤδη βαδίζων ὅδε τοῦ ἀναμιμνῄσκεσθαι; ὅτι τὸ μὲν πρῶτον ᾔδει μὲν οὔ, ἥτις ἐστὶν ἡ τοῦ ὀκτώποδος χωρίου γραμμή, ὥσπερ οὐδὲ νῦν πω οἶδεν, ἀλλ᾽ οὖν ᾤετό γ᾽ αὐτὴν τότε εἰδέναι, καὶ θαρραλέως ἀπεκρίνετο ὡς εἰδώς, καὶ οὐχ ἡγεῖτο ἀπορεῖν· νῦν δὲ ἡγεῖται [b] ἀπορεῖν ἤδη, καὶ ὥσπερ οὐκ οἶδεν, οὐδ᾽ οἴεται εἰδέναι.

ΜΕΝ. Ἀληθῆ λέγεις.

ΣΩ. Οὐκοῦν νῦν βέλτιον ἔχει περὶ τὸ πρᾶγμα ὃ οὐκ ᾔδει;

ΜΕΝ. Καὶ τοῦτό μοι δοκεῖ.

ΣΩ. Ἀπορεῖν οὖν αὐτὸν ποιήσαντες καὶ ναρκᾶν ὥσπερ ἡ νάρκη, μῶν τι ἐβλάψαμεν;

ΜΕΝ. Οὐκ ἔμοιγε δοκεῖ.

ΣΩ. Προὔργου γοῦν τι πεποιήκαμεν, ὡς ἔοικε, πρὸς τὸ ἐξευρεῖν ὅπῃ ἔχει· νῦν μὲν γὰρ καὶ ζητήσειεν ἂν ἡδέως οὐκ εἰδώς, τότε δὲ ῥᾳδίως ἂν καὶ πρὸς πολλοὺς καὶ πολλάκις [c] ᾤετ᾽ ἂν εὖ λέγειν περὶ τοῦ διπλασίου χωρίου, ὡς δεῖ διπλασίαν τὴν γραμμὴν ἔχειν μήκει.

ΜΕΝ. Ἔοικεν.

ΣΩ. Οἴει οὖν ἂν αὐτὸν πρότερον ἐπιχειρῆσαι ζητεῖν ἢ μανθάνειν τοῦτο ὃ ᾤετο εἰδέναι οὐκ εἰδώς, πρὶν εἰς ἀπορίαν κατέπεσεν ἡγησάμενος μὴ εἰδέναι, καὶ ἐπόθησεν τὸ εἰδέναι;

ΜΕΝ. Οὔ μοι δοκεῖ, ὦ Σώκρατες.

ΣΩ. Ὤνητο ἄρα ναρκήσας;

Sokrates. Menon, merkst du nun, wie weit er mit seinem Wiedererinnern schon gekommen ist?[78] Anfangs wusste er nicht, welches die Seite des achtfüßigen Quadrats ist, wie er es auch jetzt noch nicht weiß, aber vorhin glaubte er, es zu wissen, und antwortete ganz unbekümmert, als ob er es wüsste, und hatte nicht das Gefühl, ratlos zu sein; jetzt aber merkt er seine [b] Ratlosigkeit bereits, und wie er es tatsächlich nicht weiß, so bildet er sich auch nicht ein, es zu wissen.

Menon. Da hast du freilich Recht.

Sokrates. Geht es ihm nun nicht schon besser mit der Sache, die er nicht wusste?

Menon. Das glaube ich auch.

Sokrates. Indem wir ihn also in Ratlosigkeit versetzten und bewirkten, dass er wie der Zitterrochen erstarrte[79], haben wir ihm damit geschadet?

Menon. Ich glaube nicht.

Sokrates. Wir sind ihm also offenbar dabei behilflich gewesen, herauszufinden, wie sich die Sache wirklich verhält; denn jetzt wird er wohl als Nichtwissender gerne weitersuchen, vorhin aber meinte er, er könne so leichthin vor vielen Leuten immer wieder [c] auf gut Glück behaupten, das doppelte Quadrat müsse auch eine doppelt so lange Seite haben.[80]

Menon. So scheint es.

Sokrates. Glaubst du nun, er würde früher schon versucht haben, das zu suchen oder es zu lernen, was er, obwohl er es nicht wusste, zu wissen glaubte, bevor er durch das Bewusstsein seines Nichtwissens in diese Ratlosigkeit stürzte, und er sich danach sehnte, es zu wissen?

Menon. Ich glaube nicht.

Sokrates. Brachte ihm also sein Erstarren einen Vorteil?

ΜΕΝ. Δοκεῖ μοι.

ΣΩ. Σκέψαι δὴ ἐκ ταύτης τῆς ἀπορίας ὅτι καὶ ἀνευρήσει ζητῶν μετ' ἐμοῦ, οὐδὲν ἀλλ' ἢ ἐρωτῶντος ἐμοῦ καὶ οὐ [d] διδάσκοντος· φύλαττε δὲ ἄν που εὕρῃς με διδάσκοντα καὶ διεξιόντα αὐτῷ, ἀλλὰ μὴ τὰς τούτου δόξας ἀνερωτῶντα.

Λέγε γάρ μοι σύ· οὐ τὸ μὲν τετράπουν τοῦτο ἡμῖν ἐστι χωρίον; μανθάνεις;

ΠΑΙ. Ἔγωγε.

ΣΩ. Ἕτερον δὲ αὐτῷ προσθεῖμεν ἂν τουτὶ ἴσον;

ΠΑΙ. Ναί.

ΣΩ. Καὶ τρίτον τόδε ἴσον ἑκατέρῳ τούτων;

ΠΑΙ. Ναί.

ΣΩ. Οὐκοῦν προσαναπληρωσαίμεθ' ἂν τὸ ἐν τῇ γωνίᾳ τόδε;

ΠΑΙ. Πάνυ γε.

ΣΩ. Ἄλλο τι οὖν γένοιτ' ἂν τέτταρα ἴσα χωρία [e] τάδε;

ΠΑΙ. Ναί.

ΣΩ. Τί οὖν; τὸ ὅλον τόδε ποσαπλάσιον τοῦδε γίγνεται;

ΠΑΙ. Τετραπλάσιον.

ΣΩ. Ἔδει δέ γε διπλάσιον ἡμῖν γενέσθαι· ἢ οὐ μέμνησαι;

ΠΑΙ. Πάνυ γε.

ΣΩ. Οὐκοῦν ἔστιν αὕτη γραμμὴ ἐκ γωνίας εἰς γωνίαν [85a] [τινὰ] τέμνουσα δίχα ἕκαστον τούτων τῶν χωρίων;

Menon. Ich meine schon.

Sokrates. Sieh nun, was er aus dieser Ratlosigkeit heraus mit mir zusammen suchen und herausfinden wird, wobei ich nur fragen und ihn nicht [d] belehren werde. Achte aber darauf, ob du mich dabei ertappst, dass ich ihn belehre und ihm etwas erörtere, statt nur seine Meinungen aus ihm herauszufragen.

(Zum Sklaven:) Du da, sag mir: Ist das hier nicht unser vier Fuß großes Flächenstück? Du verstehst doch?

Sklave. Ja.

Sokrates. Können wir ihm ein zweites, gleich großes anfügen?

Sklave. Ja.

Sokrates. Und ein drittes, das genauso groß ist wie jedes der beiden anderen?

Sklave. Ja.

Sokrates. Können wir nun nicht auch das hier in der Ecke noch einfügen?[81]

Sklave. Gewiss.

Sokrates. Das wären dann hier vier gleich große [e] Quadrate?

Sklave. Ja.

Sokrates. Wie nun? Das Wievielfache von dem hier ist dann das Ganze?

Sklave. Das Vierfache.

Sokrates. Es sollte aber nur das Doppelte von unserem sein. Erinnerst du dich nicht?

Sklave. Doch, freilich.

Sokrates. Teilt nun die Linie, die von Winkel zu Winkel verläuft, nicht jedes dieser Quadrate [85a] in zwei gleich große Flächen?[82]

ΠΑΙ. Ναί.

ΣΩ. Οὐκοῦν τέτταρες αὗται γίγνονται γραμμαὶ ἴσαι, περιέχουσαι τουτὶ τὸ χωρίον;

ΠΑΙ. Γίγνονται γάρ.

ΣΩ. Σκόπει δή· πηλίκον τί ἐστιν τοῦτο τὸ χωρίον;

ΠΑΙ. Οὐ μανθάνω.

ΣΩ. Οὐχὶ τεττάρων ὄντων τούτων ἥμισυ ἑκάστου ἑκάστη ἡ γραμμὴ ἀποτέτμηκεν ἐντός; ἢ οὔ;

ΠΑΙ. Ναί.

ΣΩ. Πόσα οὖν τηλικαῦτα ἐν τούτῳ ἔνεστιν;

ΠΑΙ. Τέτταρα.

ΣΩ. Πόσα δὲ ἐν τῷδε;

ΠΑΙ. Δύο.

ΣΩ. Τὰ δὲ τέτταρα τοῖν δυοῖν τί ἐστιν;

ΠΑΙ. Διπλάσια.

ΣΩ. Τόδε οὖν [b] ποσάπουν γίγνεται;

ΠΑΙ. Ὀκτώπουν.

ΣΩ. Ἀπὸ ποίας γραμμῆς;

ΠΑΙ. Ἀπὸ ταύτης.

ΣΩ. Ἀπὸ τῆς ἐκ γωνίας εἰς γωνίαν τεινούσης τοῦ τετράποδος;

ΠΑΙ. Ναί.

ΣΩ. Καλοῦσιν δέ γε ταύτην διάμετρον οἱ σοφισταί· ὥστ᾽ εἰ ταύτῃ διάμετρος ὄνομα, ἀπὸ τῆς διαμέτρου ἄν, ὡς σὺ φῄς, ὦ παῖ Μένωνος, γίγνοιτ᾽ ἂν τὸ διπλάσιον χωρίον.

ΠΑΙ. Πάνυ μὲν οὖν, ὦ Σώκρατες.

Sklave. Ja.

Sokrates. Entstehen dann nicht vier gleich lange Linien, die dieses Quadrat hier einschließen?[83]

Sklave. So ist es.

Sokrates. Überlege nun! Wie groß ist dann dieses Flächenstück?

Sklave. Das weiß ich nicht.

Sokrates. Hat nicht von jedem dieser vier Quadrate jede Linie die innere Hälfte abgeschnitten? Ist es nicht so?

Sklave. Ja, so ist es.

Sokrates. Wie viele solcher Hälften[84] sind nun in diesem Flächenstück enthalten?[85]

Sklave. Vier.

Sokrates. Und wie viele in diesem hier?[86]

Sklave. Zwei.

Sokrates. Was ist nun vier von zwei?

Sklave. Das Doppelte.

Sokrates. Wie viel [b] Fuß hat dann dieses (neue) Flächenstück?

Sklave. Acht Fuß.

Sokrates. Mit welcher Seite?

Sklave. Mit dieser.

Sokrates. Mit derjenigen, die von der einen Ecke des vierfüßigen Quadrats zu der anderen verläuft?[87]

Sklave. Ja.

Sokrates. Die Fachleute[88] nennen sie Diagonale[89]. Wenn sie also Diagonale heißt, dann wird deiner Aussage nach, Bursche des Menon, die Diagonale die Seite des doppelten Quadrates sein.

Sklave. Genauso ist es, Sokrates.

ΣΩ. Τί σοι δοκεῖ, ὦ Μένων; ἔστιν ἥντινα δόξαν οὐχ αὑτοῦ οὗτος ἀπεκρίνατο;

ΜΕΝ. [c] Οὔκ, ἀλλ' ἑαυτοῦ.

ΣΩ. Καὶ μὴν οὐκ ᾔδει γε, ὡς ἔφαμεν ὀλίγον πρότερον.

ΜΕΝ. Ἀληθῆ λέγεις.

ΣΩ. Ἐνῆσαν δέ γε αὐτῷ αὗται αἱ δόξαι· ἢ οὔ;

ΜΕΝ. Ναί.

ΣΩ. Τῷ οὐκ εἰδότι ἄρα περὶ ὧν ἂν μὴ εἰδῇ ἔνεισιν ἀληθεῖς δόξαι περὶ τούτων ὧν οὐκ οἶδε;

ΜΕΝ. Φαίνεται.

ΣΩ. Καὶ νῦν μέν γε αὐτῷ ὥσπερ ὄναρ ἄρτι ἀνακεκίνηνται αἱ δόξαι αὗται· εἰ δὲ αὐτόν τις ἀνερήσεται πολλάκις τὰ αὐτὰ ταῦτα καὶ πολλαχῇ, οἶσθ' ὅτι τελευτῶν οὐδενὸς ἧττον ἀκριβῶς [d] ἐπιστήσεται περὶ τούτων.

ΜΕΝ. Ἔοικεν.

ΣΩ. Οὐκοῦν οὐδενὸς διδάξαντος ἀλλ' ἐρωτήσαντος ἐπιστήσεται, ἀναλαβὼν αὐτὸς ἐξ αὑτοῦ τὴν ἐπιστήμην;

ΜΕΝ. Ναί.

ΣΩ. Τὸ δὲ ἀναλαμβάνειν αὐτὸν ἐν αὑτῷ ἐπιστήμην οὐκ ἀναμιμνῄσκεσθαί ἐστιν;

ΜΕΝ. Πάνυ γε.

ΣΩ. Ἆρ' οὖν οὐ τὴν ἐπιστήμην, ἣν νῦν οὗτος ἔχει, ἤτοι ἔλαβέν ποτε ἢ ἀεὶ εἶχεν;

ΜΕΝ. Ναί.

ΣΩ. Οὐκοῦν εἰ μὲν ἀεὶ εἶχεν, ἀεὶ καὶ ἦν ἐπιστήμων· εἰ δὲ

Sokrates. Welchen Eindruck hast du jetzt, Menon? Hat dieser hier irgendeine Meinung geäußert, die nicht seine eigene war?[90]

Menon. [c] Nein, nur seine eigene.

Sokrates. Und doch besaß er kein Wissen davon, wie wir eben vorhin[91] gesagt haben.

Menon. Ja, richtig.

Sokrates. Es steckten also diese Meinungen in ihm drin, oder nicht?

Menon. Ja.

Sokrates. Also stecken auch in dem Unwissenden richtige Meinungen über all das, was er nicht weiß?[92]

Menon. Es scheint so.

Sokrates. Und eben jetzt sind in ihm diese Meinungen wie im Traum aufgedämmert; wenn ihn aber jemand immer wieder und auf mannigfache Weise über eben diese Dinge befragt, so wird er schließlich, weißt du, nicht weniger genau [d] darüber Bescheid wissen als irgendjemand sonst.

Menon. Den Anschein hat es.

Sokrates. Wird er dann nicht ohne Belehrung, sondern durch bloßes Fragen zum Wissen kommen, indem er es selbst aus sich herausholt?[93]

Menon. Ja.

Sokrates. Dass er aber das Wissen aus sich selbst herausholt, ist das nicht ein Wiedererinnern?

Menon. Sicher.

Sokrates. Hat er nun nicht dieses Wissen, das er jetzt besitzt, entweder irgendwann empfangen oder immer schon gehabt?

Menon. Ja.

Sokrates. Wenn er es immer schon gehabt hat, dann war

ἔλαβέν ποτε, οὐκ ἂν ἔν γε τῷ νῦν βίῳ εἰληφὼς εἴη. ἢ [e] δεδίδαχέν τις τοῦτον γεωμετρεῖν; οὗτος γὰρ ποιήσει περὶ πάσης γεωμετρίας ταὐτὰ ταῦτα, καὶ τῶν ἄλλων μαθημάτων ἁπάντων. ἔστιν οὖν ὅστις τοῦτον πάντα δεδίδαχεν; δίκαιος γάρ που εἶ εἰδέναι, ἄλλως τε ἐπειδὴ ἐν τῇ σῇ οἰκίᾳ γέγονεν καὶ τέθραπται.

ΜΕΝ. Ἀλλ' οἶδα ἔγωγε ὅτι οὐδεὶς πώποτε ἐδίδαξεν.

ΣΩ. Ἔχει δὲ ταύτας τὰς δόξας, ἢ οὐχί;

ΜΕΝ. Ἀνάγκη, ὦ Σώκρατες, φαίνεται.

ΣΩ. Εἰ δὲ μὴ ἐν τῷ νῦν βίῳ λαβών, οὐκ ἤδη τοῦτο [86a] δῆλον, ὅτι ἐν ἄλλῳ τινὶ χρόνῳ εἶχε καὶ ἐμεμαθήκει;

ΜΕΝ. Φαίνεται.

ΣΩ. Οὐκοῦν οὗτός γέ ἐστιν ὁ χρόνος ὅτ' οὐκ ἦν ἄνθρωπος;

ΜΕΝ. Ναί.

ΣΩ. Εἰ οὖν ὅν τ' ἂν ᾖ χρόνον καὶ ὃν ἂν μὴ ᾖ ἄνθρωπος, ἐνέσονται αὐτῷ ἀληθεῖς δόξαι, αἳ ἐρωτήσει ἐπεγερθεῖσαι ἐπιστῆμαι γίγνονται, ἆρ' οὖν τὸν ἀεὶ χρόνον μεμαθηκυῖα ἔσται ἡ ψυχὴ αὐτοῦ; δῆλον γὰρ ὅτι τὸν πάντα χρόνον ἔστιν ἢ οὐκ ἔστιν ἄνθρωπος.

ΜΕΝ. Φαίνεται.

ΣΩ. [b] Οὐκοῦν εἰ ἀεὶ ἡ ἀλήθεια ἡμῖν τῶν ὄντων ἐστὶν ἐν τῇ ψυχῇ, ἀθάνατος ἂν ἡ ψυχὴ εἴη, ὥστε θαρροῦντα χρὴ ὃ μὴ

er auch immer schon ein Wissender; wenn er es aber irgendwann empfangen hat, dann wird er es doch nicht in seinem jetzigen Leben empfangen haben. Oder [e] hat ihn jemand in Geometrie unterrichtet? Denn er wird auf dem gesamten Gebiet der Geometrie dasselbe leisten und ebenso auf allen anderen Wissensgebieten. Gibt es also jemanden, der ihm das alles beigebracht hat? Du müsstest es ja billigerweise wissen, zumal er ja in deinem Haus geboren und aufgewachsen ist.

Menon. Nun, ich weiß, dass ihn nie jemand unterrichtet hat.

Sokrates. Aber er hat doch diese Meinungen, oder nicht?

Menon. Das scheint zwingend so zu sein, Sokrates.

Sokrates. Wenn er sie nicht in seinem jetzigen Leben bekommen hat, ist dann nicht [86a] klar, dass er sie schon zu irgendeiner anderen Zeit bekommen und sich angeeignet hat?[94]

Menon. Allem Anschein nach ja.

Sokrates. Wäre das nicht eine Zeit, wo er noch nicht Mensch[95] war?

Menon. Ja.

Sokrates. Wenn es nun aber sowohl in der Zeit, in der er Mensch war, als auch in der, wo er es noch nicht war, wahre Meinungen in ihm geben soll, die, durch Fragen geweckt, zu Wissen werden, wird dann nicht seine Seele schon die ganze Zeit hindurch im Besitz dieses Wissens gewesen sein[96]? Denn offenbar ist er ja die ganze Zeit hindurch entweder Mensch oder nicht.

Menon. Das ist einleuchtend.

Sokrates. [b] Wenn also die Wahrheit des Seienden immer schon in unserer Seele wohnt, dann muss doch wohl

τυγχάνεις ἐπιστάμενος νῦν – τοῦτο δ' ἐστὶν ὃ μὴ μεμνημένος – ἐπιχειρεῖν ζητεῖν καὶ ἀναμιμνῄσκεσθαι;

ΜΕΝ. Εὖ μοι δοκεῖς λέγειν, ὦ Σώκρατες, οὐκ οἶδ' ὅπως.

ΣΩ. Καὶ γὰρ ἐγὼ ἐμοί, ὦ Μένων. καὶ τὰ μέν γε ἄλλα οὐκ ἂν πάνυ ὑπὲρ τοῦ λόγου διισχυρισαίμην· ὅτι δ' οἰόμενοι δεῖν ζητεῖν ἃ μή τις οἶδεν βελτίους ἂν εἶμεν καὶ ἀνδρικώτεροι καὶ ἧττον ἀργοὶ ἢ εἰ οἰοίμεθα ἃ μὴ ἐπιστάμεθα μηδὲ [c] δυνατὸν εἶναι εὑρεῖν μηδὲ δεῖν ζητεῖν, περὶ τούτου πάνυ ἂν διαμαχοίμην, εἰ οἷός τε εἴην, καὶ λόγῳ καὶ ἔργῳ.

ΜΕΝ. Καὶ τοῦτο μέν γε δοκεῖς μοι εὖ λέγειν, ὦ Σώκρατες.

ΣΩ. Βούλει οὖν, ἐπειδὴ ὁμονοοῦμεν ὅτι ζητητέον περὶ οὗ μή τις οἶδεν, ἐπιχειρήσωμεν κοινῇ ζητεῖν τί ποτ' ἐστὶν ἀρετή;

ΜΕΝ. Πάνυ μὲν οὖν. οὐ μέντοι, ὦ Σώκρατες, ἀλλ' ἔγωγε ἐκεῖνο ἂν ἥδιστα, ὅπερ ἠρόμην τὸ πρῶτον, καὶ σκεψαίμην καὶ ἀκούσαιμι, πότερον ὡς διδακτῷ ὄντι αὐτῷ δεῖ [d] ἐπιχειρεῖν, ἢ ὡς φύσει ἢ ὡς τίνι ποτὲ τρόπῳ παραγιγνομένης τοῖς ἀνθρώποις τῆς ἀρετῆς.

ΣΩ. Ἀλλ' εἰ μὲν ἐγὼ ἦρχον, ὦ Μένων, μὴ μόνον ἐμαυτοῦ ἀλλὰ καὶ σοῦ, οὐκ ἂν ἐσκεψάμεθα πρότερον εἴτε διδακτὸν εἴτε οὐ διδακτὸν ἡ ἀρετή, πρὶν ὅτι ἐστὶν πρῶτον ἐζητήσαμεν αὐτό· ἐπειδὴ δὲ σὺ σαυτοῦ μὲν οὐδ' ἐπιχειρεῖς ἄρχειν, ἵνα δὴ

die Seele unsterblich sein,[97] so dass du getrost versuchen solltest, das zu suchen und dir ins Gedächtnis zu rufen, was du jetzt gerade nicht weißt, das heißt, woran du dich jetzt nicht erinnerst?

Menon. Was du da sagst, kommt mir irgendwie schön vor, Sokrates.

Sokrates. Auch mir kommt es so vor, Menon. Was das Übrige betrifft, so möchte ich mich für die Richtigkeit des Gesagten durchaus nicht verbürgen.[98] Dass wir aber, wenn wir glauben, man müsse nach dem suchen, was man nicht weiß, besser, mannhafter und weniger träge sein werden, als wenn wir meinten, wir könnten, was wir nicht wissen, [c] auch nicht herausfinden und müssten das auch nicht, dafür würde ich durchaus, soweit ich dazu imstande bin, mit Wort und Tat eintreten.

Menon. Auch damit hast du, wie mir scheint, recht, Sokrates.

Sokrates. Da wir uns ja einig sind, dass man nach dem suchen muss, was man nicht weiß, möchtest du jetzt, dass wir uns gemeinsam auf die Suche machen[99], was denn die Tugend ist?

Menon. Ja, gewiss. Allerdings möchte ich meinerseits am liebsten meine anfängliche Frage untersuchen und hören, ob man die Tugend als etwas Lehrbares [d] auffassen soll, oder ob sie den Menschen von Natur aus oder auf welche Weise sonst zuteil wird.

Sokrates. Wenn ich über dich ebenso Herr wäre wie über mich, dann würden wir nicht eher untersuchen, ob die Tugend lehrbar ist oder nicht, bevor wir nicht untersucht hätten, was sie überhaupt ist. Da du aber, um deiner lieben Freiheit willen, gar nicht versuchst, dich selbst zu beherr-

ἐλεύθερος ᾖς, ἐμοῦ δὲ ἐπιχειρεῖς τε ἄρχειν καὶ ἄρχεις, συγχωρήσομαί σοι – τί γὰρ χρὴ ποιεῖν; ἔοικεν οὖν σκεπτέον εἶναι [e] ποῖόν τί ἐστιν ὃ μήπω ἴσμεν ὅτι ἐστίν. εἰ μή τι οὖν ἀλλὰ σμικρόν γέ μοι τῆς ἀρχῆς χάλασον, καὶ συγχώρησον ἐξ ὑποθέσεως αὐτὸ σκοπεῖσθαι, εἴτε διδακτόν ἐστιν εἴτε ὁπωσοῦν. λέγω δὲ τὸ ἐξ ὑποθέσεως ὧδε, ὥσπερ οἱ γεωμέτραι πολλάκις σκοποῦνται, ἐπειδάν τις ἔρηται αὐτούς, οἷον περὶ χωρίου, εἰ οἷόν τε ἐς τόνδε τὸν κύκλον τόδε τὸ χωρίον [87a] τρίγωνον ἐνταθῆναι, εἴποι ἄν τις ὅτι »Οὔπω οἶδα εἰ ἔστιν τοῦτο τοιοῦτον, ἀλλ' ὥσπερ μέν τινα ὑπόθεσιν προὔργου οἶμαι ἔχειν πρὸς τὸ πρᾶγμα τοιάνδε εἰ μέν ἐστιν τοῦτο τὸ χωρίον τοιοῦτον οἷον παρὰ τὴν δοθεῖσαν αὐτοῦ γραμμὴν παρατείναντα ἐλλείπειν τοιούτῳ χωρίῳ οἷον ἂν αὐτὸ τὸ παρατεταμένον ᾖ, ἄλλο τι συμβαίνειν μοι δοκεῖ, καὶ ἄλλο αὖ, εἰ ἀδύνατόν ἐστιν ταῦτα παθεῖν. ὑποθέμενος οὖν ἐθέλω [b] εἰπεῖν σοι τὸ συμβαῖνον περὶ τῆς ἐντάσεως αὐτοῦ εἰς τὸν κύκλον, εἴτε ἀδύνατον εἴτε μή.« οὕτω δὴ καὶ περὶ ἀρετῆς ἡμεῖς, ἐπειδὴ οὐκ ἴσμεν οὔθ' ὅτι ἐστὶν οὔθ' ὁποῖόν τι, ὑποθέμενοι αὐτὸ σκοπῶμεν εἴτε διδακτὸν εἴτε οὐ διδακτόν ἐστιν, ὧδε λέγοντες· Εἰ ποῖόν τί ἐστιν τῶν περὶ τὴν ψυχὴν ὄντων ἀρετή, διδακτὸν ἂν εἴη ἢ οὐ διδακτόν; πρῶτον μὲν δὴ εἰ ἔστιν ἀλλοῖον ἢ οἷον ἐπιστήμη, ἆρα διδακτὸν ἢ οὔ, ἢ ὃ νυνδὴ ἐλέγομεν, ἀναμνηστόν – διαφερέτω δὲ μηδὲν

schen, dich aber anschickst, mir Befehle zu erteilen, und das auch tust,[100] so will ich dir nachgeben – was soll ich denn sonst machen? Wir müssen nun, wie es scheint, [e] die Beschaffenheit von etwas untersuchen, von dem wir noch gar nicht wissen, was es ist. Wenn du schon nicht nachgibst, so nimm doch deine Befehle ein wenig zurück und gestehe mir zu, dass wir, von einer Hypothese ausgehend, untersuchen, ob die Tugend lehrbar ist oder was sonst. Das »von einer Hypothese ausgehend« meine ich so, wie die Geometer häufig ihre Überlegungen anstellen; wenn jemand sie etwa bei einem Flächenstück fragt, ob es möglich sei, in diesen Kreis dieses Flächenstück als [87a] Dreieck einzuschreiben, dann würde wohl einer sagen: »Ich weiß zwar nicht, ob das so geht, ich glaube aber, dass folgende Hypothese für die Sache hilfreich sein könnte; wenn dieses Flächenstück so beschaffen ist, dass es, wenn man es an die gegebene Strecke hier anlegt, eine ebenso große Fläche frei lässt wie das angelegte Flächenstück selbst, dann ergibt sich, wie mir scheint, etwas anderes, als wenn das unmöglich ist.[101] Von einer solchen Hypothese ausgehend will [b] ich dir nun sagen, was sich bezüglich seiner[102] Einbeschreibung in den Kreis ergibt, ob es möglich ist oder nicht.« Da wir nun einmal nicht wissen, was die Tugend ist und wie beschaffen sie ist, wollen wir mithilfe so einer Hypothese überlegen, ob sie lehrbar ist oder nicht, und Folgendes sagen: Wie müsste die Tugend als etwas Seelisches beschaffen sein, damit sie lehrbar wäre oder auch nicht? Zunächst einmal: Wenn sie etwas anderes als Wissen ist, ist sie dann lehrbar oder nicht, oder wenn sie in dem Sinn, wie wir eben sagten, eine Sache der Erinnerung ist – es soll für uns keinen Unterschied machen,

ἡμῖν [c] ὁποτέρῳ ἂν τῷ ὀνόματι χρώμεθα – ἀλλ' ἆρα διδακτόν; ἢ τοῦτό γε παντὶ δῆλον, ὅτι οὐδὲν ἄλλο διδάσκεται ἄνθρωπος ἢ ἐπιστήμην;

ΜΕΝ. Ἔμοιγε δοκεῖ.

ΣΩ. Εἰ δέ γ' ἐστὶν ἐπιστήμη τις ἡ ἀρετή, δῆλον ὅτι διδακτὸν ἂν εἴη.

ΜΕΝ. Πῶς γὰρ οὔ;

ΣΩ. Τούτου μὲν ἄρα ταχὺ ἀπηλλάγμεθα, ὅτι τοιοῦδε μὲν ὄντος διδακτόν, τοιοῦδε δ' οὔ.

ΜΕΝ. Πάνυ γε.

ΣΩ. Τὸ δὴ μετὰ τοῦτο, ὡς ἔοικε, δεῖ σκέψασθαι πότερόν ἐστιν ἐπιστήμη ἡ ἀρετὴ ἢ ἀλλοῖον ἐπιστήμης.

ΜΕΝ. [d] Ἔμοιγε δοκεῖ τοῦτο μετὰ τοῦτο σκεπτέον εἶναι.

ΣΩ. Τί δὲ δή; ἄλλο τι ἢ ἀγαθὸν αὐτό φαμεν εἶναι τὴν ἀρετήν, καὶ αὕτη ἡ ὑπόθεσις μένει ἡμῖν, ἀγαθὸν αὐτὸ εἶναι;

ΜΕΝ. Πάνυ μὲν οὖν.

ΣΩ. Οὐκοῦν εἰ μέν τί ἐστιν ἀγαθὸν καὶ ἄλλο χωριζόμενον ἐπιστήμης, τάχ' ἂν εἴη ἡ ἀρετὴ οὐκ ἐπιστήμη τις· εἰ δὲ μηδέν ἐστιν ἀγαθὸν ὃ οὐκ ἐπιστήμη περιέχει, ἐπιστήμην ἄν τιν' αὐτὸ ὑποπτεύοντες εἶναι ὀρθῶς ὑποπτεύοιμεν.

ΜΕΝ. Ἔστι ταῦτα.

ΣΩ. Καὶ μὴν [e] ἀρετῇ γ' ἐσμὲν ἀγαθοί;

ΜΕΝ. Ναί.

ΣΩ. Εἰ δὲ ἀγαθοί, ὠφέλιμοι· πάντα γὰρ τἀγαθὰ ὠφέλιμα. οὐχί;

[c] welchen Ausdruck[103] wir gebrauchen –, ist sie dann lehrbar? Oder ist das nicht jedermann klar, dass alles, was man Menschen lehrt, Wissen ist?

Menon. Mir jedenfalls scheint es so.

Sokrates. Wenn die Tugend also eine Art Wissen ist, dann ist doch klar, dass sie lehrbar sein dürfte.

Menon. Natürlich.

Sokrates. Das hätten wir also schnell erledigt, dass die Tugend in dem einen Fall[104] lehrbar ist, andernfalls aber nicht.

Menon. Gewiss.

Sokrates. Als Nächstes müssen wir offenbar untersuchen, ob die Tugend wirklich Wissen oder etwas anderes als Wissen ist.

Menon. [d] Ja, ich denke, das müssen wir.

Sokrates. Wie nun? Behaupten wir nicht, dass die Tugend etwas Gutes ist, und bleiben wir bei dieser Annahme, dass sie etwas Gutes sei?

Menon. Gewiss.

Sokrates. Wenn es nun auch noch etwas anderes Gutes gibt, das mit Wissen nichts zu tun hat, dann könnte die Tugend vielleicht auch nicht eine Art Wissen sein. Wenn es aber außerhalb des Wissens nichts Gutes gibt,[105] dann würden wir doch zu Recht vermuten, dass sie eine Art Wissen ist.

Menon. So ist es.

Sokrates. Wir sind doch gewiss [e] aufgrund der Tugend gut?

Menon. Ja.

Sokrates. Wenn wir aber gut sind, dann sind wir auch nützlich; denn alles Gute ist nützlich, nicht wahr?

ΜΕΝ. Ναί.

ΣΩ. Καὶ ἡ ἀρετὴ δὴ ὠφέλιμόν ἐστιν;

ΜΕΝ. Ἀνάγκη ἐκ τῶν ὡμολογημένων.

ΣΩ. Σκεψώμεθα δὴ καθ' ἕκαστον ἀναλαμβάνοντες ποῖά ἐστιν ἃ ἡμᾶς ὠφελεῖ. ὑγίεια, φαμέν, καὶ ἰσχὺς καὶ κάλλος καὶ πλοῦτος δή· ταῦτα λέγομεν καὶ τὰ τοιαῦτα ὠφέλιμα. [88a] οὐχί;

ΜΕΝ. Ναί.

ΣΩ. Ταὐτὰ δὲ ταῦτά φαμεν ἐνίοτε καὶ βλάπτειν· ἢ σὺ ἄλλως φῂς ἢ οὕτως;

ΜΕΝ. Οὔκ, ἀλλ' οὕτως.

ΣΩ. Σκόπει δή, ὅταν τί ἑκάστου τούτων ἡγῆται, ὠφελεῖ ἡμᾶς, καὶ ὅταν τί, βλάπτει; ἆρ' οὐχ ὅταν μὲν ὀρθὴ χρῆσις, ὠφελεῖ, ὅταν δὲ μή, βλάπτει;

ΜΕΝ. Πάνυ γε.

ΣΩ. Ἔτι τοίνυν καὶ τὰ κατὰ τὴν ψυχὴν σκεψώμεθα. σωφροσύνην τι καλεῖς καὶ δικαιοσύνην καὶ ἀνδρείαν καὶ εὐμαθίαν καὶ μνήμην καὶ μεγαλοπρέπειαν καὶ πάντα τὰ [b] τοιαῦτα;

ΜΕΝ. Ἔγωγε.

ΣΩ. Σκόπει δή, τούτων ἅττα σοι δοκεῖ μὴ ἐπιστήμη εἶναι ἀλλ' ἄλλο ἐπιστήμης, εἰ οὐχὶ τοτὲ μὲν βλάπτει, τοτὲ δὲ ὠφελεῖ; οἷον ἀνδρεία, εἰ μὴ ἔστι φρόνησις ἡ ἀνδρεία ἀλλ' οἷον θάρρος τι· οὐχ ὅταν μὲν ἄνευ νοῦ θαρρῇ ἄνθρωπος, βλάπτεται, ὅταν δὲ σὺν νῷ, ὠφελεῖται;

Menon. Ja.

Sokrates. Also ist auch die Tugend nützlich?

Menon. Nach dem, was wir zugestanden haben, muss es so sein.

Sokrates. Untersuchen wir also die Dinge, die uns nützen, indem wir sie uns einzeln vornehmen. Die Gesundheit[106] nennen wir da, Kraft, Schönheit und den Reichtum. Das und anderes dieser Art nennen wir nützlich, [88a] nicht?

Menon. Ja.

Sokrates. Von ebendiesen Dingen behaupten wir aber auch, dass sie bisweilen schaden. Oder bist du anderer Meinung?

Menon. Nein, das glaube ich auch.

Sokrates. Dann überlege jetzt: Unter welcher Voraussetzung nützt uns jedes von ihnen, und unter welcher schadet es? Sind sie nicht bei richtigem Gebrauch nützlich, bei falschem aber schädlich?

Menon. Gewiss.

Sokrates. Betrachten wir nun weiter den seelischen Bereich. Du nennst doch etwas Besonnenheit, Gerechtigkeit, Tapferkeit, gute Auffassungsgabe, Gedächtnis, Großmut und [b] dergleichen mehr?

Menon. Sicher.

Sokrates. Überlege einmal, ob nicht diejenigen von diesen Eigenschaften, die dir kein Wissen zu sein scheinen, sondern etwas anderes als Wissen, manchmal schaden, mitunter aber auch nützen. So zum Beispiel die Tapferkeit: Wenn die Tapferkeit nicht vernünftig ist, sondern bloß eine Art Verwegenheit: Schadet es dem Menschen nicht, wenn er ohne Vernunft mutig ist, und ist es für ihn nicht nützlich, wenn er es mit Vernunft ist?

ΜΕΝ. Ναί.

ΣΩ. Οὐκοῦν καὶ σωφροσύνη ὡσαύτως καὶ εὐμαθία· μετὰ μὲν νοῦ καὶ μανθανόμενα καὶ καταρτυόμενα ὠφέλιμα, ἄνευ δὲ νοῦ βλαβερά;

ΜΕΝ. Πάνυ [c] σφόδρα.

ΣΩ. Οὐκοῦν συλλήβδην πάντα τὰ τῆς ψυχῆς ἐπιχειρήματα καὶ καρτερήματα ἡγουμένης μὲν φρονήσεως εἰς εὐδαιμονίαν τελευτᾷ, ἀφροσύνης δ' εἰς τοὐναντίον;

ΜΕΝ. Ἔοικεν.

ΣΩ. Εἰ ἄρα ἀρετὴ τῶν ἐν τῇ ψυχῇ τί ἐστιν καὶ ἀναγκαῖον αὐτῷ ὠφελίμῳ εἶναι, φρόνησιν αὐτὸ δεῖ εἶναι, ἐπειδήπερ πάντα τὰ κατὰ τὴν ψυχὴν αὐτὰ μὲν καθ' αὑτὰ οὔτε ὠφέλιμα οὔτε βλαβερά ἐστιν, προσγενομένης δὲ [d] φρονήσεως ἢ ἀφροσύνης βλαβερά τε καὶ ὠφέλιμα γίγνεται. κατὰ δὴ τοῦτον τὸν λόγον ὠφέλιμόν γε οὖσαν τὴν ἀρετὴν φρόνησιν δεῖ τιν' εἶναι.

ΜΕΝ. Ἔμοιγε δοκεῖ.

ΣΩ. Καὶ μὲν δὴ καὶ τἆλλα ἃ νυνδὴ ἐλέγομεν, πλοῦτόν τε καὶ τὰ τοιαῦτα, τοτὲ μὲν ἀγαθὰ τοτὲ δὲ βλαβερὰ εἶναι, ἆρα οὐχ ὥσπερ τῇ ἄλλῃ ψυχῇ ἡ φρόνησις ἡγουμένη ὠφέλιμα τὰ τῆς ψυχῆς ἐποίει, ἡ δὲ ἀφροσύνη βλαβερά, οὕτως αὖ [e] καὶ τούτοις ἡ ψυχὴ ὀρθῶς μὲν χρωμένη καὶ ἡγουμένη ὠφέλιμα αὐτὰ ποιεῖ, μὴ ὀρθῶς δὲ βλαβερά;

ΜΕΝ. Πάνυ γε.

ΣΩ. Ὀρθῶς δέ γε ἡ ἔμφρων ἡγεῖται, ἡμαρτημένως δ' ἡ ἄφρων;

ΜΕΝ. Ἔστι ταῦτα.

Menon. Ja.

Sokrates. Und genauso ist es mit der Besonnenheit und mit der guten Auffassungsgabe. Was mit Vernunft gelernt und aufbereitet wird, ist nützlich, was ohne sie, aber schädlich.

Menon. Ganz [c] gewiss.

Sokrates. Mit einem Wort also: Führt nicht alles, was die Seele von Vernunft geleitet unternimmt und standhaft erträgt, letztendlich zum Glück, von Unvernunft geleitet aber zum Gegenteil?

Menon. Es scheint so.

Sokrates. Wenn die Tugend also etwas in unserer Seele ist und notwendigerweise nützlich ist, dann muss sie vernünftig sein; denn alles Seelische ist an und für sich weder nützlich noch schädlich und wird erst, wenn [d] Vernunft oder Unvernunft hinzukommt, schädlich oder nützlich. Nach dieser Überlegung muss die Tugend, da sie ja nützlich ist, eine Art Vernunft sein.

Menon. Auch mir scheint das so.

Sokrates. Und nun die anderen Dinge, Reichtum und dergleichen, von denen wir eben gesagt haben, sie seien manchmal gut, manchmal aber auch schädlich, ist es bei ihnen nicht ebenso? Wie die Vernunft die übrige Seele leitete und ihre Eigenschaften nützlich machte, die Unvernunft aber schädlich, so macht [e] wiederum die Seele diese Dinge bei richtigem Gebrauch und bei richtiger Leitung nützlich, bei nicht richtigem aber schädlich?

Menon. Sicher.

Sokrates. Richtig aber leitet doch sicher die vernünftige Seele, falsch dagegen die unvernünftige?

Menon. So ist es.

ΣΩ. Οὐκοῦν οὕτω δὴ κατὰ πάντων εἰπεῖν ἔστιν, τῷ ἀνθρώπῳ τὰ μὲν ἄλλα πάντα εἰς τὴν ψυχὴν ἀνηρτῆσθαι, τὰ δὲ τῆς ψυχῆς αὐτῆς εἰς φρόνησιν, εἰ [89a] μέλλει ἀγαθὰ εἶναι· καὶ τούτῳ τῷ λόγῳ φρόνησις ἂν εἴη τὸ ὠφέλιμον· φαμὲν δὲ τὴν ἀρετὴν ὠφέλιμον εἶναι;

ΜΕΝ. Πάνυ γε.

ΣΩ. Φρόνησιν ἄρα φαμὲν ἀρετὴν εἶναι, ἤτοι σύμπασαν ἢ μέρος τι;

ΜΕΝ. Δοκεῖ μοι καλῶς λέγεσθαι, ὦ Σώκρατες, τὰ λεγόμενα.

ΣΩ. Οὐκοῦν εἰ ταῦτα οὕτως ἔχει, οὐκ ἂν εἶεν φύσει οἱ ἀγαθοί.

ΜΕΝ. Οὔ μοι δοκεῖ.

ΣΩ. [b] Καὶ γὰρ ἄν που καὶ τόδ' ἦν· εἰ φύσει οἱ ἀγαθοὶ ἐγίγνοντο, ἦσάν που ἂν ἡμῖν οἳ ἐγίγνωσκον τῶν νέων τοὺς ἀγαθοὺς τὰς φύσεις, οὓς ἡμεῖς ἂν παραλαβόντες ἐκείνων ἀποφηνάντων ἐφυλάττομεν ἂν ἐν ἀκροπόλει, κατασημηνάμενοι πολὺ μᾶλλον ἢ τὸ χρυσίον, ἵνα μηδεὶς αὐτοὺς διέφθειρεν, ἀλλ' ἐπειδὴ ἀφίκοιντο εἰς τὴν ἡλικίαν, χρήσιμοι γίγνοιντο ταῖς πόλεσι.

ΜΕΝ. Εἰκός γέ τοι, ὦ Σώκρατες.

ΣΩ. Ἆρ' οὖν ἐπειδὴ οὐ φύσει οἱ ἀγαθοὶ ἀγαθοὶ [c] γίγνονται, ἆρα μαθήσει;

ΜΕΝ. Δοκεῖ μοι ἤδη ἀναγκαῖον εἶναι· καὶ δῆλον, ὦ Σώκρατες, κατὰ τὴν ὑπόθεσιν, εἴπερ ἐπιστήμη ἐστὶν ἀρετή, ὅτι διδακτόν ἐστιν.

ΣΩ. Ἴσως νὴ Δία· ἀλλὰ μὴ τοῦτο οὐ καλῶς ὡμολογήσαμεν;

ΜΕΝ. Καὶ μὴν ἐδόκει γε ἄρτι καλῶς λέγεσθαι.

Sokrates. Kann man nun nicht ganz allgemein sagen, dass für den Menschen alles, wenn es gut sein soll, von der Seele abhängt, die Dinge der Seele aber von der Vernunft? [89a] Demzufolge wäre die Vernunft das Nützliche. Wir sagten aber, die Tugend sei etwas Nützliches?

Menon. Allerdings.[107]

Sokrates. Also behaupten wir, die Tugend sei vernünftig, entweder als Ganzes oder doch zum Teil?

Menon. Was du sagst, scheint mir richtig, Sokrates.

Sokrates. Wenn dem so ist, dann wären die Guten nicht von Natur aus gut.

Menon. Meiner Meinung nach nicht.

Sokrates. [b] Denn sonst würde ja folgender Fall eintreten: Wenn die guten Menschen von Natur aus gut wären, dann gäbe es bei uns wohl Leute, die unter den Jungen die von Natur aus Guten erkennen würden; wenn sie uns diese kundgetan hätten, würden wir sie übernehmen, auf der Akropolis bewachen und unter Verschluss halten, viel mehr noch als Gold, damit nur ja niemand sie verdirbt[108], sondern damit sie, ins richtige Alter gekommen, dem Staat Nutzen bringen könnten.

Menon. Das hat etwas für sich, Sokrates.

Sokrates. Da nun die Guten nicht von Natur aus gut [c] sind, werden sie es dann durch Lernen?

Menon. Das scheint mir notwendig so zu sein. Denn wenn die Tugend nach unserer Voraussetzung ein Wissen ist, dann ist sie klarerweise auch lehrbar.

Sokrates. Vielleicht, beim Zeus. Wenn wir dabei nur nichts Falsches zugestanden haben.[109]

Menon. Und doch schien es uns eben noch richtig gesagt.

ΣΩ. Ἀλλὰ μὴ οὐκ ἐν τῷ ἄρτι μόνον δέῃ αὐτὸ δοκεῖν καλῶς λέγεσθαι, ἀλλὰ καὶ ἐν τῷ νῦν καὶ ἐν τῷ ἔπειτα, εἰ μέλλει τι αὐτοῦ ὑγιὲς εἶναι.

ΜΕΝ. [d] Τί οὖν δή; πρὸς τί βλέπων δυσχεραίνεις αὐτὸ καὶ ἀπιστεῖς μὴ οὐκ ἐπιστήμη ᾖ ἡ ἀρετή;

ΣΩ. Ἐγώ σοι ἐρῶ, ὦ Μένων. τὸ μὲν γὰρ διδακτὸν αὐτὸ εἶναι, εἴπερ ἐπιστήμη ἐστίν, οὐκ ἀνατίθεμαι μὴ οὐ καλῶς λέγεσθαι· ὅτι δὲ οὐκ ἔστιν ἐπιστήμη, σκέψαι ἐάν σοι δοκῶ εἰκότως ἀπιστεῖν. τόδε γάρ μοι εἰπέ· εἰ ἔστιν διδακτὸν ὁτιοῦν πρᾶγμα, μὴ μόνον ἀρετή, οὐκ ἀναγκαῖον αὐτοῦ καὶ διδασκάλους καὶ μαθητὰς εἶναι;

ΜΕΝ. Ἔμοιγε δοκεῖ.

ΣΩ. [e] Οὐκοῦν τοὐναντίον αὖ, οὗ μήτε διδάσκαλοι μήτε μαθηταὶ εἶεν, καλῶς ἂν αὐτὸ εἰκάζοντες εἰκάζοιμεν μὴ διδακτὸν εἶναι;

ΜΕΝ. Ἔστι ταῦτα· ἀλλ' ἀρετῆς διδάσκαλοι οὐ δοκοῦσί σοι εἶναι;

ΣΩ. Πολλάκις γοῦν ζητῶν εἴ τινες εἶεν αὐτῆς διδάσκαλοι, πάντα ποιῶν οὐ δύναμαι εὑρεῖν. καίτοι μετὰ πολλῶν γε ζητῶ, καὶ τούτων μάλιστα οὓς ἂν οἴωμαι ἐμπειροτάτους εἶναι τοῦ πράγματος. καὶ δὴ καὶ νῦν, ὦ Μένων, εἰς καλὸν ἡμῖν Ἄνυτος ὅδε παρεκαθέζετο, ᾧ μεταδῶμεν τῆς ζητήσεως. [90a] εἰκότως δ' ἂν μεταδοῖμεν· Ἄνυτος γὰρ ὅδε πρῶτον μέν ἐστι πατρὸς πλουσίου τε καὶ σοφοῦ Ἀνθεμίωνος, ὃς ἐγένετο πλούσιος οὐκ ἀπὸ τοῦ αὐτομάτου οὐδὲ δόντος τινός, ὥσπερ ὁ νῦν νεωστὶ εἰληφὼς τὰ Πολυκράτους χρήματα Ἰσμηνίας ὁ Θηβαῖος, ἀλλὰ τῇ αὐτοῦ σοφίᾳ κτησάμενος καὶ ἐπιμελείᾳ, ἔπειτα καὶ τὰ ἄλλα

Sokrates. Es darf aber nicht nur für vorhin richtig scheinen, sondern es muss auch jetzt und in Zukunft richtig sein, wenn es etwas wert sein soll.

Menon. [d] Wie nun? In welcher Hinsicht bist du damit unzufrieden und bezweifelst, dass die Tugend Wissen sei?

Sokrates. Das will ich dir sagen, Menon. Dass die Tugend, wenn sie Wissen ist, lehrbar ist, das nehme ich als unrichtige Behauptung nicht zurück; überlege aber, ob ich dir nicht mit Recht zu bezweifeln scheine, dass sie Wissen ist. Sage mir also Folgendes: Wenn irgendeine Sache, nicht nur die Tugend, gelehrt werden kann, muss es dann nicht auch Lehrer und Schüler geben?

Menon. Ich denke, schon.

Sokrates. [e] Wäre nicht auch die gegenteilige Vermutung zutreffend, dass das, wofür es weder Lehrer noch Schüler gibt, auch nicht lehrbar ist?

Menon. So ist es. Aber glaubst du, es gebe keine Lehrer für die Tugend[110]?

Sokrates. Ich habe oftmals nach Lehrern für sie gesucht, kann aber trotz allen Bemühens keine finden. Dabei bin ich mit vielen anderen auf der Suche, und zwar vor allem mit Leuten, die, wie ich glaube, von dieser Sache am meisten verstehen. Daher trifft es sich gut, Menon, dass sich gerade jetzt Anytos hier zu uns gesetzt hat, den wir an unserer Untersuchung teilnehmen lassen wollen. [90a] Und das mit Fug und Recht: Denn erstens ist Anytos der Sohn eines reichen und verständigen Mannes, nämlich des Anthemion, der seinen Reichtum nicht einem Zufall oder einer Schenkung verdankt, so wie neulich Ismenias von Theben zum Vermögen des Polykrates[111] gekommen ist, sondern ihn durch eigene Klugheit und Mühe erworben hat; ferner

οὐχ ὑπερήφανος δοκῶν εἶναι πολίτης οὐδὲ ὀγκώδης τε καὶ ἐπαχθής, ἀλλὰ κόσμιος καὶ εὐσταλὴς [b] ἀνήρ· ἔπειτα τοῦτον εὖ ἔθρεψεν καὶ ἐπαίδευσεν, ὡς δοκεῖ Ἀθηναίων τῷ πλήθει· αἱροῦνται γοῦν αὐτὸν ἐπὶ τὰς μεγίστας ἀρχάς. δίκαιον δὴ μετὰ τοιούτων ζητεῖν ἀρετῆς πέρι διδασκάλους, εἴτ' εἰσὶν εἴτε μή, καὶ οἵτινες. σὺ οὖν ἡμῖν, ὦ Ἄνυτε, συζήτησον, ἐμοί τε καὶ τῷ σαυτοῦ ξένῳ Μένωνι τῷδε, περὶ τούτου τοῦ πράγματος τίνες ἂν εἶεν διδάσκαλοι. ὧδε δὲ σκέψαι· εἰ βουλοίμεθα Μένωνα τόνδε ἀγαθὸν ἰατρὸν [c] γενέσθαι, παρὰ τίνας ἂν αὐτὸν πέμποιμεν διδασκάλους; ἆρ' οὐ παρὰ τοὺς ἰατρούς;

ΑΝ. Πάνυ γε.

ΣΩ. Τί δ' εἰ σκυτοτόμον ἀγαθὸν βουλοίμεθα γενέσθαι, ἆρ' οὐ παρὰ τοὺς σκυτοτόμους;

ΑΝ. Ναί.

ΣΩ. Καὶ τἆλλα οὕτως;

ΑΝ. Πάνυ γε.

ΣΩ. Ὧδε δή μοι πάλιν περὶ τῶν αὐτῶν εἰπέ. παρὰ τοὺς ἰατρούς, φαμέν, πέμποντες τόνδε καλῶς ἂν ἐπέμπομεν, βουλόμενοι ἰατρὸν γενέσθαι· ἆρ' ὅταν τοῦτο λέγωμεν, τόδε [d] λέγομεν, ὅτι παρὰ τούτους πέμποντες αὐτὸν σωφρονοῖμεν ἄν, τοὺς ἀντιποιουμένους τε τῆς τέχνης μᾶλλον ἢ τοὺς μή, καὶ τοὺς μισθὸν πραττομένους ἐπ' αὐτῷ τούτῳ, ἀποφήναντας αὑτοὺς διδασκάλους τοῦ βουλομένου ἰέναι τε καὶ μανθάνειν; ἆρ' οὐ πρὸς ταῦτα βλέψαντες καλῶς ἂν πέμποιμεν;

ΑΝ. Ναί.

scheint er kein arroganter, aufgeblasener und lästiger Bürger zu sein, sondern ein ordentlicher und anständiger [b] Mann.[112] Schließlich hat er auch seinen Sohn hier gut erzogen und ausgebildet, zumindest nach der allgemeinen Meinung der Athener; daher wählen sie ihn ja in die höchsten Ämter. Es ist also nur recht und billig, mit Leuten wie ihm zu untersuchen, ob es Lehrer für die Tugend gibt oder nicht, und wer sie sind. Daher untersuche du, Anytos, gemeinsam mit mir und mit deinem Gastfreund Menon hier, wer Lehrer in dieser Sache sein könnte. Überlege dabei aber Folgendes: Wenn wir wollten, dass Menon hier ein guter Arzt [c] werden soll, zu welchen Lehrern würden wir ihn dann schicken? Doch wohl zu den Ärzten?

Anytos. Gewiss.

Sokrates. Wie aber, wenn wir wollten, dass er ein tüchtiger Schuster wird? Doch wohl zu den Schustern?

Anytos. Ja.

Sokrates. Und so auch in den anderen Fällen?

Anytos. Ja, sicher.

Sokrates. Gib mir darüber nochmals Auskunft, und zwar auf folgende Weise: Wir sagen doch, es sei richtig, ihn zu den Ärzten zu schicken, wenn wir wollten, dass er ein Arzt wird. Wenn wir das sagen, [d] meinen wir dann nicht, es wäre vernünftiger von uns, ihn zu denen zu schicken, die ihre Kunst[113] beherrschen, als zu denen, bei denen das nicht der Fall ist, also zu denen, die sich dafür bezahlen lassen und sich jedem als Lehrer anbieten, der zu ihnen kommen und etwas lernen will? Wenn wir darauf achteten, würden wir ihn wohl zu den richtigen Menschen schicken?

Anytos. Ja.

ΣΩ. Οὐκοῦν καὶ περὶ αὐλήσεως καὶ τῶν ἄλλων τὰ αὐτὰ [e] ταῦτα; πολλὴ ἄνοιά ἐστι βουλομένους αὐλητήν τινα ποιῆσαι παρὰ μὲν τοὺς ὑπισχνουμένους διδάξειν τὴν τέχνην καὶ μισθὸν πραττομένους μὴ ἐθέλειν πέμπειν, ἄλλοις δέ τισιν πράγματα παρέχειν, [ζητοῦντα μανθάνειν παρὰ τούτων,] οἳ μήτε προσποιοῦνται διδάσκαλοι εἶναι μήτ' ἔστιν αὐτῶν μαθητὴς μηδεὶς τούτου τοῦ μαθήματος ὃ ἡμεῖς ἀξιοῦμεν μανθάνειν παρ' αὐτῶν ὃν ἂν πέμπωμεν. οὐ πολλή σοι δοκεῖ ἀλογία εἶναι;

ΑΝ. Ναὶ μὰ Δία ἔμοιγε, καὶ ἀμαθία γε πρός.

ΣΩ. Καλῶς λέγεις. νῦν τοίνυν ἔξεστί σε μετ' ἐμοῦ [91a] κοινῇ βουλεύεσθαι περὶ τοῦ ξένου τουτουΐ Μένωνος. οὗτος γάρ, ὦ Ἄνυτε, πάλαι λέγει πρός με ὅτι ἐπιθυμεῖ ταύτης τῆς σοφίας καὶ ἀρετῆς ᾗ οἱ ἄνθρωποι τάς τε οἰκίας καὶ τὰς πόλεις καλῶς διοικοῦσι, καὶ τοὺς γονέας τοὺς αὑτῶν θεραπεύουσι, καὶ πολίτας καὶ ξένους ὑποδέξασθαί τε καὶ ἀποπέμψαι ἐπίστανται ἀξίως ἀνδρὸς ἀγαθοῦ. ταύτην οὖν τὴν [b] ἀρετὴν σκόπει παρὰ τίνας ἂν πέμποντες αὐτὸν ὀρθῶς πέμποιμεν. ἢ δῆλον δὴ κατὰ τὸν ἄρτι λόγον ὅτι παρὰ τούτους τοὺς ὑπισχνουμένους ἀρετῆς διδασκάλους εἶναι καὶ ἀποφήναντας αὑτοὺς κοινοὺς τῶν Ἑλλήνων τῷ βουλομένῳ μανθάνειν, μισθὸν τούτου ταξαμένους τε καὶ πραττομένους;

ΑΝ. Καὶ τίνας λέγεις τούτους, ὦ Σώκρατες;

ΣΩ. Οἶσθα δήπου καὶ σὺ ὅτι οὗτοί εἰσιν οὓς οἱ ἄνθρωποι καλοῦσι σοφιστάς.

ΑΝ. [c] Ἡράκλεις, εὐφήμει, ὦ Σώκρατες. μηδένα τῶν γ'

Sokrates. Ebenso ist es doch auch mit dem Flötenspiel und mit [e] allem anderen? Es wäre doch ein großer Unsinn, wenn wir jemanden zum Flötenspieler ausbilden lassen und ihn nicht zu den Leuten schicken wollten, die diese Kunst zu lehren versprechen und dafür Geld verlangen, sondern stattdessen irgendwelche anderen Leute damit belästigten, [dass er gerade bei ihnen Unterricht nehmen wollte,][114] die sich weder anmaßten, Lehrer zu sein, noch einen einzigen Schüler in dem Fach haben, das der, den wir schicken, nach unserem Verlangen bei ihnen lernen soll. Scheint dir das nicht völlig unlogisch zu sein?

Anytos. Ja, beim Zeus, und dumm noch dazu.

Sokrates. Ganz richtig. Nun könntest du [91a] gemeinsam mit mir über deinen Gastfreund Menon da zu Rate gehen. Denn, Anytos, er sagt mir schon die ganze Zeit, dass er nach genau dem Wissen und der Tugend strebt, mit deren Hilfe die Menschen ihr Hauswesen und ihre Staaten gut verwalten, ihre Eltern ehren und es verstehen, Mitbürger und Fremde in einer des guten Mannes würdigen Weise aufzunehmen und zu entlassen. [b] Überlege also, zu wem wir ihn wegen einer solchen Tugend richtigerweise schicken könnten. Ist es nach dem, was wir eben sagten, nicht klar, dass wir ihn zu denen schicken werden, die versprechen, Lehrer der Tugend zu sein, sich öffentlich jedem lernwilligen Griechen zur Verfügung stellen, dafür ein Honorar festlegen und sich bezahlen lassen?

Anytos. Und wer soll das deiner Meinung nach sein, Sokrates?

Sokrates. Du weißt doch auch selber, dass es diejenigen sind, die man Sophisten nennt.

Anytos. [c] Beim Herakles, pst[115], Sokrates! Dass nur ja

ἐμῶν μήτε οἰκείων μήτε φίλων, μήτε ἀστὸν μήτε ξένον, τοιαύτη μανία λάβοι, ὥστε παρὰ τούτους ἐλθόντα λωβηθῆναι, ἐπεὶ οὗτοί γε φανερά ἐστι λώβη τε καὶ διαφθορὰ τῶν συγγιγνομένων.

ΣΩ. Πῶς λέγεις, ὦ Ἄνυτε; οὗτοι ἄρα μόνοι τῶν ἀντιποιουμένων τι ἐπίστασθαι εὐεργετεῖν τοσοῦτον τῶν ἄλλων διαφέρουσιν, ὅσον οὐ μόνον οὐκ ὠφελοῦσιν, ὥσπερ οἱ ἄλλοι, ὅτι ἄν τις αὐτοῖς παραδῷ, ἀλλὰ καὶ τὸ ἐναντίον [d] διαφθείρουσιν; καὶ τούτων φανερῶς χρήματα ἀξιοῦσι πράττεσθαι; ἐγὼ μὲν οὖν οὐκ ἔχω ὅπως σοι πιστεύσω· οἶδα γὰρ ἄνδρα ἕνα Πρωταγόραν πλείω χρήματα κτησάμενον ἀπὸ ταύτης τῆς σοφίας ἢ Φειδίαν τε, ὃς οὕτω περιφανῶς καλὰ ἔργα ἠργάζετο, καὶ ἄλλους δέκα τῶν ἀνδριαντοποιῶν. καίτοι τέρας λέγεις εἰ οἱ μὲν τὰ ὑποδήματα ἐργαζόμενοι τὰ παλαιὰ καὶ τὰ ἱμάτια ἐξακούμενοι οὐκ ἂν δύναιντο λαθεῖν τριάκονθ' [e] ἡμέρας μοχθηρότερα ἀποδιδόντες ἢ παρέλαβον τὰ ἱμάτιά τε καὶ ὑποδήματα, ἀλλ' εἰ τοιαῦτα ποιοῖεν, ταχὺ ἂν τῷ λιμῷ ἀποθάνοιεν, Πρωταγόρας δὲ ἄρα ὅλην τὴν Ἑλλάδα ἐλάνθανεν διαφθείρων τοὺς συγγιγνομένους καὶ μοχθηροτέρους ἀποπέμπων ἢ παρελάμβανεν πλέον ἢ τετταράκοντα ἔτη – οἶμαι γὰρ αὐτὸν ἀποθανεῖν ἐγγὺς καὶ ἑβδομήκοντα ἔτη γεγονότα, τετταράκοντα δὲ ἐν τῇ τέχνῃ ὄντα – καὶ ἐν ἅπαντι τῷ χρόνῳ τούτῳ ἔτι εἰς τὴν ἡμέραν ταυτηνὶ εὐδοκιμῶν οὐδὲν πέπαυται, καὶ οὐ μόνον Πρωταγόρας, ἀλλὰ καὶ ἄλλοι [92a] πάμπολλοι, οἱ μὲν πρότερον γεγονότες ἐκείνου, οἱ δὲ καὶ νῦν ἔτι ὄντες. πότερον

keiner von meinen Angehörigen und Freunden, weder hier in der Stadt noch in der Fremde, so verrückt ist, zu diesen Leuten zu gehen und sich dabei zu ruinieren; denn sie sind doch ganz offensichtlich ein Schaden und ein Verderben für diejenigen, die mit ihnen Umgang haben.[116]

Sokrates. Wie meinst du das, Anytos? Von all denen, die für sich beanspruchen, sich auf rechtes Handeln zu verstehen, unterscheiden sich einzig und allein diese so sehr von den anderen, dass sie das, was man ihnen anvertraut, nicht nur nicht fördern, wie es die anderen tun, sondern es, ganz im Gegenteil, [d] verderben? Und dafür fordern sie ganz offen auch noch Geld? Das kann ich dir einfach nicht glauben.[117] Ich weiß doch, dass ein einziger Mensch, nämlich Protagoras[118], mit diesem seinen Wissen mehr Geld verdient hat als Phidias[119], der doch anerkanntermaßen so schöne Werke geschaffen hat, und zehn andere Bildhauer zusammen. Was du da sagst, wäre ja nur zu verwunderlich: Wenn es bei Leuten, die alte Schuhe flicken und Kleider ausbessern, keine dreißig [e] Tage unentdeckt bliebe, dass sie diese Kleider und Schuhe in einem schlechteren Zustand zurückgeben, als sie sie übernommen haben – sie würden ja, wenn sie das machten, bald verhungern – Protagoras aber soll, ohne dass ganz Griechenland es merkte, mehr als vierzig Jahre lang seine Schüler verdorben und schlechter wieder entlassen haben, als er sie übernommen hatte? Ich glaube nämlich, er ist mit fast siebzig Jahren gestorben, vierzig Jahre übte er seine Kunst aus und stand unablässig während der ganzen Zeit bis auf den heutigen Tag in hohem Ansehen. Und nicht nur Protagoras, sondern auch [92a] viele andere, die entweder vor ihm gelebt haben oder auch jetzt noch leben. Sollen wir nun deiner Meinung

δὴ οὖν φῶμεν κατὰ τὸν σὸν λόγον εἰδότας αὐτοὺς ἐξαπατᾶν καὶ λωβᾶσθαι τοὺς νέους, ἢ λεληθέναι καὶ ἑαυτούς; καὶ οὕτω μαίνεσθαι ἀξιώσομεν τούτους, οὓς ἔνιοί φασι σοφωτάτους ἀνθρώπων εἶναι;

ΑΝ. Πολλοῦ γε δέουσι μαίνεσθαι, ὦ Σώκρατες, ἀλλὰ πολὺ μᾶλλον οἱ τούτοις διδόντες ἀργύριον τῶν νέων, τούτων [b] δ' ἔτι μᾶλλον οἱ τούτοις ἐπιτρέποντες, οἱ προσήκοντες, πολὺ δὲ μάλιστα πάντων αἱ πόλεις, ἐῶσαι αὐτοὺς εἰσαφικνεῖσθαι καὶ οὐκ ἐξελαύνουσαι, εἴτε τις ξένος ἐπιχειρεῖ τοιοῦτόν τι ποιεῖν εἴτε ἀστός.

ΣΩ. Πότερον δέ, ὦ Ἄνυτε, ἠδίκηκέ τίς σε τῶν σοφιστῶν, ἢ τί οὕτως αὐτοῖς χαλεπὸς εἶ;

ΑΝ. Οὐδὲ μὰ Δία ἔγωγε συγγέγονα πώποτε αὐτῶν οὐδενί, οὐδ' ἂν ἄλλον ἐάσαιμι τῶν ἐμῶν οὐδένα.

ΣΩ. Ἄπειρος ἄρ' εἶ παντάπασι τῶν ἀνδρῶν;

ΑΝ. Καὶ εἴην γε.

ΣΩ. [c] Πῶς οὖν ἄν, ὦ δαιμόνιε, εἰδείης περὶ τούτου τοῦ πράγματος, εἴτε τι ἀγαθὸν ἔχει ἐν αὑτῷ εἴτε φλαῦρον, οὗ παντάπασιν ἄπειρος εἴης;

ΑΝ. Ῥᾳδίως· τούτους γοῦν οἶδα οἵ εἰσιν, εἴτ' οὖν ἄπειρος αὐτῶν εἰμι εἴτε μή.

ΣΩ. Μάντις εἶ ἴσως, ὦ Ἄνυτε· ἐπεὶ ὅπως γε ἄλλως οἶσθα τούτων πέρι, ἐξ ὧν αὐτὸς λέγεις θαυμάζοιμ' ἄν. ἀλλὰ γὰρ οὐ τούτους ἐζητοῦμεν τίνες εἰσίν, παρ' οὓς ἂν [d] Μένων ἀφικόμενος μοχθηρὸς γένοιτο – οὗτοι μὲν γάρ, εἰ σὺ βούλει, ἔστων

nach sagen, dass sie wissentlich die jungen Leute täuschen und schädigen, oder merken sie es nur selber nicht? Und müssen wir diese Leute, von denen einige sagen, sie seien die weisesten unter den Menschen, für so verrückt halten?

Anytos. Sie sind alles andere als verrückt; verrückt sind vielmehr die unter den jungen Menschen, die ihnen Geld geben, [b] und mehr noch ihre Angehörigen, die sie ihnen anvertrauen, am allermeisten aber die Städte, die sie einreisen lassen und nicht jeden ausweisen, der sich anschickt, etwas Derartiges zu tun, sei er nun ein Fremder oder ein Bürger der Stadt.

Sokrates. Hat dir denn einer von den Sophisten etwas angetan, Anytos, oder warum bist du so böse auf sie?

Anytos. Beim Zeus, ich habe nie mit einem von ihnen zu tun gehabt und würde es auch keinem meiner Angehörigen je erlauben.

Sokrates. Du hast also keinerlei Erfahrung gemacht mit diesen Männern?

Anytos. Nein, und so soll es auch bleiben.

Sokrates. [c] Aber wie kannst du dann, mein Bester, von dieser Sache wissen, ob etwas Gutes an ihr ist oder Schlechtes, wenn du überhaupt keine Erfahrung mit ihr hast?

Anytos. Ganz leicht. Ich weiß eben, was das für Menschen sind, ob ich nun mit ihnen meine Erfahrungen gemacht habe oder nicht.

Sokrates. Dann bist du vielleicht ein Hellseher, Anytos. Denn nach dem, was du sagst, müsste ich mich wundern, wie du sonst etwas über diese Leute wissen kannst. Aber unsere Frage war ja nicht, wer diese Leute sind, bei denen [d] Menon schlecht würde, wenn er zu ihnen ginge – wenn du willst, sollen das die Sophisten sein; nenne uns viel-

οἱ σοφισταί – ἀλλὰ δὴ ἐκείνους εἰπὲ ἡμῖν, καὶ τὸν πατρικὸν τόνδε ἑταῖρον εὐεργέτησον φράσας αὐτῷ παρὰ τίνας ἀφικόμενος ἐν τοσαύτῃ πόλει τὴν ἀρετὴν ἣν νυνδὴ ἐγὼ διῆλθον γένοιτ' ἂν ἄξιος λόγου.

ΑΝ. Τί δὲ αὐτῷ οὐ σὺ ἔφρασας;

ΣΩ. Ἀλλ' οὓς μὲν ἐγὼ ᾤμην διδασκάλους τούτων εἶναι, εἶπον, ἀλλὰ τυγχάνω οὐδὲν λέγων, ὡς σὺ φῄς· καὶ ἴσως τὶ [e] λέγεις. ἀλλὰ σὺ δὴ ἐν τῷ μέρει αὐτῷ εἰπὲ παρὰ τίνας ἔλθῃ Ἀθηναίων· εἰπὲ ὄνομα ὅτου βούλει.

ΑΝ. Τί δὲ ἑνὸς ἀνθρώπου ὄνομα δεῖ ἀκοῦσαι; ὅτῳ γὰρ ἂν ἐντύχῃ Ἀθηναίων τῶν καλῶν κἀγαθῶν, οὐδεὶς ἔστιν ὃς οὐ βελτίω αὐτὸν ποιήσει ἢ οἱ σοφισταί, ἐάνπερ ἐθέλῃ πείθεσθαι.

ΣΩ. Πότερον δὲ οὗτοι οἱ καλοὶ κἀγαθοὶ ἀπὸ τοῦ αὐτομάτου ἐγένοντο τοιοῦτοι, παρ' οὐδενὸς μαθόντες ὅμως μέντοι ἄλλους διδάσκειν οἷοί τε ὄντες ταῦτα ἃ αὐτοὶ οὐκ [93a] ἔμαθον;

ΑΝ. Καὶ τούτους ἔγωγε ἀξιῶ παρὰ τῶν προτέρων μαθεῖν, ὄντων καλῶν κἀγαθῶν· ἢ οὐ δοκοῦσί σοι πολλοὶ καὶ ἀγαθοὶ γεγονέναι ἐν τῇδε τῇ πόλει ἄνδρες;

ΣΩ. Ἔμοιγε, ὦ Ἄνυτε, καὶ εἶναι δοκοῦσιν ἐνθάδε ἀγαθοὶ τὰ πολιτικά, καὶ γεγονέναι ἔτι οὐχ ἧττον ἢ εἶναι· ἀλλὰ μῶν καὶ διδάσκαλοι ἀγαθοὶ γεγόνασιν τῆς αὑτῶν ἀρετῆς; τοῦτο γάρ ἐστιν περὶ οὗ ὁ λόγος ἡμῖν τυγχάνει ὤν· οὐκ εἰ εἰσὶν ἀγαθοὶ ἢ [b] μὴ ἄνδρες ἐνθάδε, οὐδ' εἰ γεγόνασιν ἐν τῷ πρόσθεν, ἀλλ' εἰ διδακτόν ἐστιν ἀρετὴ πάλαι σκοποῦμεν. τοῦτο δὲ σκοποῦντες τόδε σκοποῦμεν, ἆρα οἱ ἀγαθοὶ ἄνδρες καὶ τῶν νῦν καὶ τῶν

mehr diejenigen und tu diesem Freund deines Vaters den Gefallen, indem du ihm sagst, zu welchen Leuten er in einer so großen Stadt gehen soll, um in der Tugend, über die ich soeben ausführlich gesprochen habe, außergewöhnlich zu werden.

Anytos. Warum sagtest du es ihm nicht selbst?

Sokrates. Wen ich für Lehrer in diesen Dingen hielt, habe ich gesagt, aber das war, wie du behauptest, Unsinn; und vielleicht hast du recht damit. [e] Aber jetzt bist du dran: Sag ihm, zu wem er in Athen gehen soll. Nenne ihm einen Namen nach deinem Belieben.

Anytos. Was muss er dazu den Namen eines einzelnen Menschen hören? Jeder beliebige rechtschaffene Athener wird ihn besser machen als die Sophisten, wenn er nur auf ihn hören will.

Sokrates. Sind denn diese rechtschaffenen Männer von selbst so geworden und sind sie, ohne es von jemandem gelernt zu haben, trotzdem imstande, andere das zu lehren, was sie selbst nicht [93a] gelernt haben?

Anytos. Ich freilich glaube, dass sie es von ihren Vorfahren gelernt haben, die ja schließlich auch rechtschaffen waren. Oder glaubst du nicht, dass es in dieser Stadt viele gute Männer gegeben hat?

Sokrates. Doch, Anytos, ich glaube, es gibt auch hier gute Politiker, und die hat es früher nicht weniger gegeben als heute. Aber waren sie denn auch gute Lehrer ihrer Tugend? Denn gerade darum geht es ja in unserem Gespräch; und nicht darum, ob es hier gute [b] Männer gibt oder nicht, auch nicht, ob es sie früher einmal gegeben hat, sondern unsere Überlegung zielt schon die ganze Zeit darauf ab, ob die Tugend lehrbar ist. Dabei untersuchen wir, ob gute Männer

προτέρων ταύτην τὴν ἀρετὴν ἣν αὐτοὶ ἀγαθοὶ ἦσαν ἠπίσταντο καὶ ἄλλῳ παραδοῦναι, ἢ οὐ παραδοτὸν τοῦτο ἀνθρώπῳ οὐδὲ παραληπτὸν ἄλλῳ παρ' ἄλλου· τοῦτ' ἔστιν ὃ πάλαι ζητοῦμεν ἐγώ τε καὶ Μένων. ὧδε οὖν σκόπει ἐκ τοῦ σαυτοῦ λόγου· Θεμιστοκλέα οὐκ ἀγαθὸν ἂν [c] φαίης ἄνδρα γεγονέναι;

ΑΝ. Ἔγωγε, πάντων γε μάλιστα.

ΣΩ. Οὐκοῦν καὶ διδάσκαλον ἀγαθόν, εἴπερ τις ἄλλος τῆς αὐτοῦ ἀρετῆς διδάσκαλος ἦν, κἀκεῖνον εἶναι;

ΑΝ. Οἶμαι ἔγωγε, εἴπερ ἐβούλετό γε.

ΣΩ. Ἀλλ', οἴει, οὐκ ἂν ἐβουλήθη ἄλλους τέ τινας καλοὺς κἀγαθοὺς γενέσθαι, μάλιστα δέ που τὸν ὑὸν τὸν αὐτοῦ; ἢ οἴει αὐτὸν φθονεῖν αὐτῷ καὶ ἐξεπίτηδες οὐ [d] παραδιδόναι τὴν ἀρετὴν ἣν αὐτὸς ἀγαθὸς ἦν; ἢ οὐκ ἀκήκοας ὅτι Θεμιστοκλῆς Κλεόφαντον τὸν ὑὸν ἱππέα μὲν ἐδιδάξατο ἀγαθόν; ἐπέμενεν γοῦν ἐπὶ τῶν ἵππων ὀρθὸς ἑστηκώς, καὶ ἠκόντιζεν ἀπὸ τῶν ἵππων ὀρθός, καὶ ἄλλα πολλὰ καὶ θαυμαστὰ ἠργάζετο ἃ ἐκεῖνος αὐτὸν ἐπαιδεύσατο καὶ ἐποίησε σοφόν, ὅσα διδασκάλων ἀγαθῶν εἴχετο· ἢ ταῦτα οὐκ ἀκήκοας τῶν πρεσβυτέρων;

ΑΝ. Ἀκήκοα.

ΣΩ. Οὐκ ἂν ἄρα τήν γε φύσιν τοῦ ὑέος αὐτοῦ ῃτιάσατ' ἄν τις [e] εἶναι κακήν.

ΑΝ. Ἴσως οὐκ ἄν.

ΣΩ. Τί δὲ τόδε; ὡς Κλεόφαντος ὁ Θεμιστοκλέους ἀνὴρ

jetzt oder früher es verstanden, eben diese Tugend, in der sie selbst gut waren, auch einem anderen zu vermitteln[120], oder ob diese Tugend für den Menschen nicht vermittelbar ist und keiner sie vom anderen übernehmen kann. Das ist es, was Menon und ich schon die ganze Zeit untersuchen. Überlege nun einmal von deinem Standpunkt aus Folgendes: Du meinst doch, Themistokles sei ein guter [c] Mann gewesen?[121]

Anytos. Sicherlich; er ganz besonders.

Sokrates. Und auch ein guter Lehrer; wenn es je einen Lehrer seiner Tugend gegeben hat, dann doch ihn?

Anytos. Ich denke, schon, wenn er es nur wollte.

Sokrates. Aber meinst du, er habe nicht gewollt, dass auch andere rechtschaffen werden, vor allem sein eigener Sohn? Oder meinst du, er habe ihm [d] die Tugend, in der er sich selbst hervortat, missgönnt und absichtlich nicht weitergegeben? Hast du nicht gehört, dass Themistokles seinen Sohn Kleophantos zu einem guten Reiter ausbilden ließ? Dieser konnte ja aufrecht auf dem Pferd stehen bleiben und in dieser Haltung vom Pferd aus seinen Speer schleudern; er vollbrachte auch noch viele andere Kunststücke, die ihm sein Vater hatte beibringen lassen; dieser ließ ihn überhaupt in allen Dingen ausbilden, soweit es dafür tüchtige Lehrer gab. Hast du das nicht von den älteren Leuten gehört?

Anytos. Doch, das habe ich.

Sokrates. Es darf wohl niemand behaupten, dass die natürliche Anlage seines Sohnes [e] schlecht gewesen sei.

Anytos. Wohl kaum.

Sokrates. Wie nun? Hast du je von einem Älteren oder Jüngeren gehört, dass Kleophantos, der Sohn des Themis-

ἀγαθὸς καὶ σοφὸς ἐγένετο ἅπερ ὁ πατὴρ αὐτοῦ, ἤδη του ἀκήκοας ἢ νεωτέρου ἢ πρεσβυτέρου;

ΑΝ. Οὐ δῆτα.

ΣΩ. Ἆρ' οὖν ταῦτα μὲν οἰόμεθα βούλεσθαι αὐτὸν τὸν αὑτοῦ ὑὸν παιδεῦσαι, ἣν δὲ αὐτὸς σοφίαν ἦν σοφός, οὐδὲν τῶν γειτόνων βελτίω ποιῆσαι, εἴπερ ἦν γε διδακτὸν ἡ ἀρετή;

ΑΝ. Ἴσως μὰ Δί' οὔ.

ΣΩ. Οὗτος μὲν δή σοι τοιοῦτος διδάσκαλος ἀρετῆς, ὃν καὶ σὺ [94a] ὁμολογεῖς ἐν τοῖς ἄριστον τῶν προτέρων εἶναι· ἄλλον δὲ δὴ σκεψώμεθα, Ἀριστείδην τὸν Λυσιμάχου· ἢ τοῦτον οὐχ ὁμολογεῖς ἀγαθὸν γεγονέναι;

ΑΝ. Ἔγωγε, πάντως δήπου.

ΣΩ. Οὐκοῦν καὶ οὗτος τὸν ὑὸν τὸν αὑτοῦ Λυσίμαχον, ὅσα μὲν διδασκάλων εἴχετο, κάλλιστα Ἀθηναίων ἐπαίδευσε, ἄνδρα δὲ βελτίω δοκεῖ σοι ὁτουοῦν πεποιηκέναι; τούτῳ γάρ που καὶ συγγέγονας καὶ ὁρᾷς οἷός ἐστιν. εἰ δὲ βούλει, [b] Περικλέα, οὕτως μεγαλοπρεπῶς σοφὸν ἄνδρα, οἶσθ' ὅτι δύο ὑεῖς ἔθρεψε, Πάραλον καὶ Ξάνθιππον;

ΑΝ. Ἔγωγε.

ΣΩ. Τούτους μέντοι, ὡς οἶσθα καὶ σύ, ἱππέας μὲν ἐδίδαξεν οὐδενὸς χείρους Ἀθηναίων, καὶ μουσικὴν καὶ ἀγωνίαν καὶ τἆλλα ἐπαίδευσεν ὅσα τέχνης ἔχεται οὐδενὸς χείρους· ἀγαθοὺς δὲ ἄρα ἄνδρας οὐκ ἐβούλετο ποιῆσαι; δοκῶ μέν,

tokles, in denselben Dingen wie sein Vater ein tüchtiger und geschickter Mann geworden wäre?

Anytos. Gewiss nicht.

Sokrates. Sollen wir also annehmen, er habe seinen Sohn nur in jenen Dingen[122] ausbilden lassen, in dem Wissen aber, das ihn selbst auszeichnete, habe er ihn aber nicht besser machen wollen als seine Nachbarn – sofern doch die Tugend lehrbar wäre?

Anytos. Beim Zeus, wohl kaum.

Sokrates. Ein solcher Lehrer der Tugend ist dir also dieser Mann, von dem auch du [94a] zugibst, dass er zu den Besten der früheren Zeit zählt. Aber fassen wir noch einen anderen ins Auge, nämlich Aristeides[123], den Sohn des Lysimachos. Oder würdest du nicht zugeben, dass er ein tüchtiger Mann war?

Anytos. Doch, in jeder Hinsicht.

Sokrates. Ließ nun nicht auch er seinen Sohn Lysimachos in allem, soweit es dafür Lehrer gab, aufs Beste unter den Athenern erziehen, und glaubst du, er habe ihn dadurch zu einem besseren Menschen gemacht als sonst irgendwen? Schließlich bist du ja mit ihm zusammengekommen und weißt aus eigener Anschauung, was für ein Mann er ist. Oder nehmen wir, wenn du willst, [b] Perikles[124], diesen so anständig[125] gescheiten Mann; du weißt doch, dass er zwei Söhne großgezogen hat, Paralos und Xanthippos[126]?

Anytos. Ich weiß.

Sokrates. Diese ließ er, wie du weißt, zu Reitern ausbilden, die keinem in Athen nachstanden, und er ließ sie in der Musik, im Sport und in allen anderen Fertigkeiten unterrichten, so dass sie überall die Besten wurden. Zu tugendhaften Männern aber wollte er sie nicht machen? Ich

ἐβούλετο, ἀλλὰ μὴ οὐκ ᾖ διδακτόν. ἵνα δὲ μὴ ὀλίγους οἴῃ καὶ τοὺς φαυλοτάτους Ἀθηναίων [c] ἀδυνάτους γεγονέναι τοῦτο τὸ πρᾶγμα, ἐνθυμήθητι ὅτι Θουκυδίδης αὖ δύο ὑεῖς ἔθρεψεν, Μελησίαν καὶ Στέφανον, καὶ τούτους ἐπαίδευσεν τά τε ἄλλα εὖ καὶ ἐπάλαισαν κάλλιστα Ἀθηναίων – τὸν μὲν γὰρ Ξανθίᾳ ἔδωκε, τὸν δὲ Εὐδώρῳ· οὗτοι δέ που ἐδόκουν τῶν τότε κάλλιστα παλαίειν – ἢ οὐ μέμνησαι;

ΑΝ. Ἔγωγε, ἀκοῇ.

ΣΩ. Οὐκοῦν δῆλον ὅτι οὗτος οὐκ ἄν ποτε, οὗ μὲν ἔδει δαπανώμενον [d] διδάσκειν, ταῦτα μὲν ἐδίδαξε τοὺς παῖδας τοὺς αὑτοῦ, οὗ δὲ οὐδὲν ἔδει ἀναλώσαντα ἀγαθοὺς ἄνδρας ποιῆσαι, ταῦτα δὲ οὐκ ἐδίδαξεν, εἰ διδακτὸν ἦν; ἀλλὰ γὰρ ἴσως ὁ Θουκυδίδης φαῦλος ἦν, καὶ οὐκ ἦσαν αὐτῷ πλεῖστοι φίλοι Ἀθηναίων καὶ τῶν συμμάχων; καὶ οἰκίας μεγάλης ἦν καὶ ἐδύνατο μέγα ἐν τῇ πόλει καὶ ἐν τοῖς ἄλλοις Ἕλλησιν, ὥστε εἴπερ ἦν τοῦτο διδακτόν, ἐξευρεῖν ἂν ὅστις ἔμελλεν αὐτοῦ τοὺς ὑεῖς ἀγαθοὺς ποιήσειν, ἢ τῶν ἐπιχωρίων τις ἢ [e] τῶν ξένων, εἰ αὐτὸς μὴ ἐσχόλαζεν διὰ τὴν τῆς πόλεως ἐπιμέλειαν. ἀλλὰ γάρ, ὦ ἑταῖρε Ἄνυτε, μὴ οὐκ ᾖ διδακτὸν ἀρετή.

ΑΝ. Ὦ Σώκρατες, ῥᾳδίως μοι δοκεῖς κακῶς λέγειν ἀνθρώπους. ἐγὼ μὲν οὖν ἄν σοι συμβουλεύσαιμι, εἰ ἐθέλεις ἐμοὶ πείθεσθαι, εὐλαβεῖσθαι· ὡς ἴσως μὲν καὶ ἐν ἄλλῃ πόλει ῥᾷόν

denke, er wollte es schon, aber das ist etwas, was man nicht lehren kann. Damit du aber nicht meinst, es seien nur wenige und ganz unbedeutende Athener dazu [c] nicht imstande gewesen, bedenke, dass auch Thukydides[127] zwei Söhne großgezogen hat, Melesias[128] und Stephanos, und sie in allen Dingen gut ausbilden ließ; sie wurden die besten Ringkämpfer in Athen; den einen schickte er zu Xanthias, den anderen zu Eudoros, die damals als die besten Ringer ihrer Zeit galten. Oder erinnerst du dich nicht mehr daran?

Anytos. Doch, ich habe davon gehört.

Sokrates. Geht daraus nicht klar hervor, dass dieser seinen eigenen Söhnen das [d] beibringen ließ, wofür der Unterricht einiges kostete, aber darin, wofür er nichts hätte aufwenden müssen, nämlich sie zu tugendhaften Menschen zu machen, er sie nicht ausbilden hätte lassen, falls es denn lehrbar wäre? Aber vielleicht war Thukydides ein unbedeutender Mann und hatte unter den Athenern und unter den Bundesgenossen nicht viele Freunde? Er stammte doch aus einem großen Haus und hatte großen Einfluss in der Stadt und bei den anderen Griechen, so dass er, wenn die Tugend lehrbar wäre, schon jemanden unter den Einheimischen oder [e] unter den Fremden gefunden hätte, der seine Söhne zu tugendhaften Menschen gemacht hätte, wenn er selbst wegen seiner politischen Tätigkeit dafür keine Zeit gehabt hätte. Ich fürchte aber, mein Freund Anytos, die Tugend dürfte eben doch nicht lehrbar sein.

Anytos. Ich denke, Sokrates, du machst die Menschen leichtfertig schlecht. Wenn du auf mich hören wolltest, würde ich dir raten, auf der Hut zu sein. Vielleicht ist es auch in einer anderen Stadt leichter, Menschen Schlechtes

ἐστιν κακῶς ποιεῖν [95a] ἀνθρώπους ἢ εὖ, ἐν τῇδε δὲ καὶ πάνυ· οἶμαι δὲ σὲ καὶ αὐτὸν εἰδέναι.

ΣΩ. Ὦ Μένων, Ἄνυτος μέν μοι δοκεῖ χαλεπαίνειν, καὶ οὐδὲν θαυμάζω· οἴεται γάρ με πρῶτον μὲν κακηγορεῖν τούτους τοὺς ἄνδρας, ἔπειτα ἡγεῖται καὶ αὐτὸς εἶναι εἷς τούτων. ἀλλ' οὗτος μὲν ἐάν ποτε γνῷ οἷόν ἐστιν τὸ κακῶς λέγειν, παύσεται χαλεπαίνων, νῦν δὲ ἀγνοεῖ· σὺ δέ μοι εἰπέ, οὐ καὶ παρ' ὑμῖν εἰσιν καλοὶ κἀγαθοὶ ἄνδρες;

ΜΕΝ. Πάνυ γε.

ΣΩ. [b] Τί οὖν; ἐθέλουσιν οὗτοι παρέχειν αὑτοὺς διδασκάλους τοῖς νέοις, καὶ ὁμολογεῖν διδάσκαλοί τε εἶναι καὶ διδακτὸν ἀρετήν;

ΜΕΝ. Οὐ μὰ τὸν Δία, ὦ Σώκρατες, ἀλλὰ τοτὲ μὲν ἂν αὐτῶν ἀκούσαις ὡς διδακτόν, τοτὲ δὲ ὡς οὔ.

ΣΩ. Φῶμεν οὖν τούτους διδασκάλους εἶναι τούτου τοῦ πράγματος, οἷς μηδὲ αὐτὸ τοῦτο ὁμολογεῖται;

ΜΕΝ. Οὔ μοι δοκεῖ, ὦ Σώκρατες.

ΣΩ. Τί δὲ δή; οἱ σοφισταί σοι οὗτοι, οἵπερ μόνοι ἐπαγγέλλονται, [c] δοκοῦσι διδάσκαλοι εἶναι ἀρετῆς;

ΜΕΝ. Καὶ Γοργίου μάλιστα, ὦ Σώκρατες, ταῦτα ἄγαμαι, ὅτι οὐκ ἄν ποτε αὐτοῦ τοῦτο ἀκούσαις ὑπισχνουμένου, ἀλλὰ καὶ τῶν ἄλλων καταγελᾷ, ὅταν ἀκούσῃ ὑπισχνουμένων· ἀλλὰ λέγειν οἴεται δεῖν ποιεῖν δεινούς.

ΣΩ. Οὐδ' ἄρα σοὶ δοκοῦσιν οἱ σοφισταὶ διδάσκαλοι εἶναι;

anzutun [95a] als Gutes, aber hier bei uns ist es ganz sicher so. Doch ich glaube, du weißt das selbst.

Sokrates. Menon, scheinbar ist Anytos böse auf mich, und das wundert mich auch nicht. Er meint nämlich zum einen, dass ich schlecht über diese Männer rede,[129] und zum anderen glaubt er, dass er selbst zu ihnen gehöre. Aber wenn er erst einmal weiß, was »schlecht reden« bedeutet, wird er schon aufhören, auf mich böse zu sein, jetzt aber weiß er es nicht. Du aber sage mir, gibt es nicht auch bei euch rechtschaffene Männer?

Menon. Durchaus.

Sokrates. [b] Wie nun? Wollen sich diese den jungen Leuten als Lehrer zu Verfügung stellen und versprechen sie einhellig, Lehrer zu sein und dass die Tugend lehrbar ist?

Menon. Nein, beim Zeus, Sokrates; manchmal kannst du von ihnen hören, dass sie lehrbar sei, ein anderes Mal aber, dass sie es nicht sei.

Sokrates. Sollen wir nun sagen, dass sie in dieser Sache Lehrer sind, wo sie doch nicht einmal in diesem Punkt einer Meinung sind?

Menon. Ich glaube nicht, Sokrates.

Sokrates. Wie nun? Diese Sophisten, die sich als Einzige für dazu kompetent erklären[130], [c] sind sie in deinen Augen Lehrer der Tugend?

Menon. An Gorgias, Sokrates, schätze ich besonders[131], dass du ihn nie dergleichen versprechen hörst, ja er lacht sogar über andere, wenn er hört, dass sie solches versprechen. Vielmehr müsse man, wie er meint, tüchtige Redner heranbilden.

Sokrates. Du hältst also die Sophisten für keine Lehrer?

ΜΕΝ. Οὐκ ἔχω λέγειν, ὦ Σώκρατες. καὶ γὰρ αὐτὸς ὅπερ οἱ πολλοὶ πέπονθα· τοτὲ μέν μοι δοκοῦσιν, τοτὲ δὲ οὔ.

ΣΩ. [d] Οἶσθα δὲ ὅτι οὐ μόνον σοί τε καὶ τοῖς ἄλλοις τοῖς πολιτικοῖς τοῦτο δοκεῖ τοτὲ μὲν εἶναι διδακτόν, τοτὲ δ' οὔ, ἀλλὰ καὶ Θέογνιν τὸν ποιητὴν οἶσθ' ὅτι ταὐτὰ ταῦτα λέγει;

ΜΕΝ. Ἐν ποίοις ἔπεσιν;

ΣΩ. Ἐν τοῖς ἐλεγείοις, οὗ λέγει –

καὶ παρὰ τοῖσιν πῖνε καὶ ἔσθιε, καὶ μετὰ τοῖσιν
ἵζε, καὶ ἅνδανε τοῖς, ὧν μεγάλη δύναμις.
ἐσθλῶν μὲν γὰρ ἄπ' ἐσθλὰ διδάξεαι· ἣν δὲ κακοῖσιν
[e] συμμίσγῃς, ἀπολεῖς καὶ τὸν ἐόντα νόον.

οἶσθ' ὅτι ἐν τούτοις μὲν ὡς διδακτοῦ οὔσης τῆς ἀρετῆς λέγει;

ΜΕΝ. Φαίνεταί γε.

ΣΩ. Ἐν ἄλλοις δέ γε ὀλίγον μεταβάς –

εἰ δ' ἦν ποιητόν, φησί, καὶ ἔνθετον ἀνδρὶ νόημα,

λέγει πως ὅτι

πολλοὺς ἂν μισθοὺς καὶ μεγάλους ἔφερον οἱ δυνάμενοι
τοῦτο ποιεῖν,

καὶ

Menon. Das kann ich nicht sagen, Sokrates. Da geht es mir genauso wie den meisten: Bald glaube ich, dass sie es sind, bald wieder nicht.

Sokrates. [d] Weißt du, dass nicht nur dir und den anderen Politikern die Tugend manchmal lehrbar scheint, manchmal aber auch nicht, sondern dass auch der Dichter Theognis[132] dasselbe sagt?

Menon. In welchen Gedichten?

Sokrates. In den Elegien, wo er sagt:

> Trink und iss mit denen und sitz mit denen
> bei Tische, sei denen gefällig, die große Macht besitzen.[133]
> Denn von Edlen ist Edles zu lernen; verkehrst du mit
> Schlechten, [e] verlierst du auch noch den Verstand, den du hast.[134]

Merkst du, dass er hier so redet, als ob die Tugend lehrbar wäre?

Menon. Offensichtlich.

Sokrates. An anderer Stelle aber weicht er ein wenig davon ab:

> Ließe Vernunft sich herstellen und dem Menschen einpflanzen,

so sagt er,

> dann würden, die das können, vielfachen und herrlichen Lohn davontragen,

und

οὔ ποτ' ἂν ἐξ ἀγαθοῦ πατρὸς ἔγεντο κακός,
[96a] πειθόμενος μύθοισι σαόφροσιν. ἀλλὰ διδάσκων
οὔ ποτε ποιήσεις τὸν κακὸν ἄνδρ' ἀγαθόν.

ἐννοεῖς ὅτι αὐτὸς αὑτῷ πάλιν περὶ τῶν αὐτῶν τἀναντία λέγει;

ΜΕΝ. Φαίνεται.

ΣΩ. Ἔχεις οὖν εἰπεῖν ἄλλου ὁτουοῦν πράγματος, οὗ οἱ μὲν φάσκοντες διδάσκαλοι εἶναι οὐχ ὅπως ἄλλων διδάσκαλοι ὁμολογοῦνται, [b] ἀλλ' οὐδὲ αὐτοὶ ἐπίστασθαι, ἀλλὰ πονηροὶ εἶναι περὶ αὐτὸ τοῦτο τὸ πρᾶγμα οὗ φασι διδάσκαλοι εἶναι, οἱ δὲ ὁμολογούμενοι αὐτοὶ καλοὶ κἀγαθοὶ τοτὲ μέν φασιν αὐτὸ διδακτὸν εἶναι, τοτὲ δὲ οὔ; τοὺς οὖν οὕτω τεταραγμένους περὶ ὁτουοῦν φαίης ἂν σὺ κυρίως διδασκάλους εἶναι;

ΜΕΝ. Μὰ Δί' οὐκ ἔγωγε.

ΣΩ. Οὐκοῦν εἰ μήτε οἱ σοφισταὶ μήτε οἱ αὐτοὶ καλοὶ κἀγαθοὶ ὄντες διδάσκαλοί εἰσι τοῦ πράγματος, δῆλον ὅτι οὐκ ἂν ἄλλοι γε;

ΜΕΝ. Οὔ μοι δοκεῖ.

ΣΩ. [c] Εἰ δέ γε μὴ διδάσκαλοι, οὐδὲ μαθηταί;

ΜΕΝ. Δοκεῖ μοι ἔχειν ὡς λέγεις.

ΣΩ. Ὡμολογήκαμεν δέ γε, πράγματος οὗ μήτε διδάσκαλοι μήτε μαθηταὶ εἶεν, τοῦτο μηδὲ διδακτὸν εἶναι;

ΜΕΝ. Ὡμολογήκαμεν.

Nie würde von einem guten Vater ein schlechter Sohn abstammen,
[96a] wenn er weisen Worten gehorcht. Aber durch Belehrung
machst du aus einem schlechten nie einen guten Mann.

Merkst du, wie er sich hier in derselben Sache widerspricht?[135]

Menon. Es scheint so.

Sokrates. Kannst du mir irgendein anderes Gebiet nennen, wo diejenigen, die behaupten, darin Lehrer zu sein, nicht nur als Lehrer für andere nicht anerkannt werden, [b] sondern selbst nichts davon verstehen sollen und in ebendieser Sache als untauglich gelten, für die sie sich als Lehrer ausgeben, wohingegen die, die selbst als rechtschaffen anerkannt werden, das eine Mal behaupten, die Tugend sei lehrbar, das andere Mal aber, sie sei es nicht? Willst du denn von solchen Wirrköpfen auf irgendeinem Gebiet behaupten, sie seien wirklich darin Lehrer?

Menon. Beim Zeus, nein.

Sokrates. Wenn also weder die Sophisten noch diejenigen, die selbst rechtschaffen sind, Lehrer in dieser Sache sind, dann gibt es doch offenbar überhaupt keine?

Menon. Ich glaube nicht.

Sokrates. [c] Wenn es aber keine Lehrer gibt, dann gibt es auch keine Schüler?[136]

Menon. Ich denke, es ist so, wie du sagst.

Sokrates. Wir waren uns aber doch darüber einig, dass eine Sache, für die es weder Lehrer noch Schüler gibt, auch nicht lehrbar ist?

Menon. Ja, das waren wir.

ΣΩ. Οὐκοῦν ἀρετῆς οὐδαμοῦ φαίνονται διδάσκαλοι;

MEN. Ἔστι ταῦτα.

ΣΩ. Εἰ δέ γε μὴ διδάσκαλοι, οὐδὲ μαθηταί;

MEN. Φαίνεται οὕτως.

ΣΩ. Ἀρετὴ ἄρα οὐκ ἂν εἴη διδακτόν;

MEN. [d] Οὐκ ἔοικεν, εἴπερ ὀρθῶς ἡμεῖς ἐσκέμμεθα. ὥστε καὶ θαυμάζω δή, ὦ Σώκρατες, πότερόν ποτε οὐδ' εἰσὶν ἀγαθοὶ ἄνδρες, ἢ τίς ἂν εἴη τρόπος τῆς γενέσεως τῶν ἀγαθῶν γιγνομένων.

ΣΩ. Κινδυνεύομεν, ὦ Μένων, ἐγώ τε καὶ σὺ φαῦλοί τινες εἶναι ἄνδρες, καὶ σέ τε Γοργίας οὐχ ἱκανῶς πεπαιδευκέναι καὶ ἐμὲ Πρόδικος. παντὸς μᾶλλον οὖν προσεκτέον τὸν νοῦν ἡμῖν αὐτοῖς, [e] καὶ ζητητέον ὅστις ἡμᾶς ἑνί γέ τῳ τρόπῳ βελτίους ποιήσει· λέγω δὲ ταῦτα ἀποβλέψας πρὸς τὴν ἄρτι ζήτησιν, ὡς ἡμᾶς ἔλαθεν καταγελάστως ὅτι οὐ μόνον ἐπιστήμης ἡγουμένης ὀρθῶς τε καὶ εὖ τοῖς ἀνθρώποις πράττεται τὰ πράγματα, ᾗ ἴσως καὶ διαφεύγει ἡμᾶς τὸ γνῶναι τίνα ποτὲ τρόπον γίγνονται οἱ ἀγαθοὶ ἄνδρες.

MEN. Πῶς τοῦτο λέγεις, ὦ Σώκρατες;

ΣΩ. Ὧδε· ὅτι μὲν τοὺς ἀγαθοὺς ἄνδρας δεῖ ὠφελίμους εἶναι, [97a] ὀρθῶς ὡμολογήκαμεν τοῦτό γε ὅτι οὐκ ἂν ἄλλως ἔχοι· ἦ γάρ;

MEN. Ναί.

ΣΩ. Καὶ ὅτι γε ὠφέλιμοι ἔσονται, ἂν ὀρθῶς ἡμῖν ἡγῶνται τῶν πραγμάτων, καὶ τοῦτό που καλῶς ὡμολογοῦμεν;

MEN. Ναί.

Sokrates. Nun zeigen sich doch nirgends Lehrer für die Tugend?

Menon. So ist es.

Sokrates. Wenn es aber keine Lehrer gibt, dann auch keine Schüler?

Menon. Es scheint so.

Sokrates. So wäre die Tugend also nicht lehrbar?

Menon. [d] Wenn unsere Überlegungen stimmen, offenbar nicht. Daher frage ich mich auch verwundert, ob es gar keine guten Männer gibt, oder wie die guten Männer entstanden sind.

Sokrates. Wie es scheint, Menon, sind wir beide, ich und du, nicht so gut; dich hat Gorgias nicht genug erzogen und mich Prodikos nicht. Umso mehr müssen wir unsere Aufmerksamkeit auf uns selbst richten [e] und uns fragen, wer uns wenigstens in einer Hinsicht besser macht. Ich sage das im Hinblick auf unsere Untersuchung vorhin; denn es ist lächerlich, wie uns entgehen konnte, dass die Menschen ihre Angelegenheiten nicht nur dann richtig und gut ausführen, wenn Wissen sie leitet;[137] so kamen wir vielleicht auch nicht zur Erkenntnis, wie die Menschen gut werden.

Menon. Wie meinst du das, Sokrates?

Sokrates. Ich meine das so: Wir haben uns doch zu Recht darauf geeinigt, dass gute Männer nützlich sein müssen [97a] und dass es nicht anders sein kann, oder?[138]

Menon. Ja.

Sokrates. Und dass sie dann nützlich sein werden, wenn sie uns bei unseren Angelegenheiten richtig leiten, auch darin sind wir wohl mit Recht einer Meinung?[139]

Menon. Ja.

ΣΩ. Ὅτι δ' οὐκ ἔστιν ὀρθῶς ἡγεῖσθαι, ἐὰν μὴ φρόνιμος ᾖ, τοῦτο ὅμοιοί ἐσμεν οὐκ ὀρθῶς ὡμολογηκόσιν.

ΜΕΝ. Πῶς δὴ [ὀρθῶς] λέγεις;

ΣΩ. Ἐγὼ ἐρῶ. ⟨εἰ⟩ τις εἰδὼς τὴν ὁδὸν τὴν εἰς Λάρισαν ἢ ὅποι βούλει ἄλλοσε βαδίζοι καὶ ἄλλοις ἡγοῖτο, ἄλλο τι ὀρθῶς ἂν καὶ εὖ ἡγοῖτο;

ΜΕΝ. Πάνυ γε.

ΣΩ. [b] Τί δ' εἴ τις ὀρθῶς μὲν δοξάζων ἥτις ἐστὶν ἡ ὁδός, ἐληλυθὼς δὲ μὴ μηδ' ἐπιστάμενος, οὐ καὶ οὗτος ἂν ὀρθῶς ἡγοῖτο;

ΜΕΝ. Πάνυ γε.

ΣΩ. Καὶ ἕως γ' ἄν που ὀρθὴν δόξαν ἔχῃ περὶ ὧν ὁ ἕτερος ἐπιστήμην, οὐδὲν χείρων ἡγεμὼν ἔσται, οἰόμενος μὲν ἀληθῆ, φρονῶν δὲ μή, τοῦ τοῦτο φρονοῦντος.

ΜΕΝ. Οὐδὲν γάρ.

ΣΩ. Δόξα ἄρα ἀληθὴς πρὸς ὀρθότητα πράξεως οὐδὲν χείρων ἡγεμὼν φρονήσεως· καὶ τοῦτό ἐστιν ὃ νυνδὴ παρελείπομεν ἐν τῇ περὶ τῆς ἀρετῆς σκέψει ὁποῖόν τι εἴη, λέγοντες [c] ὅτι φρόνησις μόνον ἡγεῖται τοῦ ὀρθῶς πράττειν· τὸ δὲ ἄρα καὶ δόξα ἦν ἀληθής.

ΜΕΝ. Ἔοικέ γε.

ΣΩ. Οὐδὲν ἄρα ἧττον ὠφέλιμόν ἐστιν ὀρθὴ δόξα ἐπιστήμης.

ΜΕΝ. Τοσούτῳ γε, ὦ Σώκρατες, ὅτι ὁ μὲν τὴν ἐπιστήμην ἔχων ἀεὶ ἂν ἐπιτυγχάνοι, ὁ δὲ τὴν ὀρθὴν δόξαν τοτὲ μὲν ἂν τυγχάνοι, τοτὲ δ' οὔ.

Sokrates. Dass aber jemand nur richtig führen kann, wenn er über die entsprechende Einsicht verfügt, darin sind wir zu Unrecht übereingekommen.[140]

Menon. Wie meinst du das?[141]

Sokrates. Ich will es dir sagen: Jemand, der den Weg nach Larisa oder sonst wohin kennt, wäre doch, wenn er ihn ginge und andere dabei führte, ein richtiger und guter Führer?

Menon. Gewiss.

Sokrates. [b] Was aber, wenn jemand zwar die richtige Meinung davon hat, welches der Weg ist, ihn aber selbst noch nie gegangen ist und ihn nicht kennt, würde auch der richtig führen?

Menon. Sicher.

Sokrates. Und solange er die richtige Meinung davon hat, wovon der andere ein Wissen besitzt, wird der, der das Richtige nur meint, nicht aber weiß, kein schlechterer Führer sein als der, der es weiß.[142]

Menon. Keineswegs.

Sokrates. Richtige Meinung ist also für die Richtigkeit des Handelns kein schlechterer Führer als die Einsicht. Und gerade das ist es, was wir vorhin bei unserer Untersuchung über die Beschaffenheit der Tugend übersehen haben, als wir behaupteten, [c] dass einzig die Einsicht das richtige Handeln leitet;[143] denn dazu genügt auch schon die richtige Meinung.

Menon. So scheint es.

Sokrates. Richtige Meinung ist also nicht weniger nützlich als Wissen.

Menon. Insofern wenigstens, Sokrates, als der Wissende immer das Richtige trifft, während der mit der richtigen Meinung es manchmal trifft, manchmal aber auch nicht.[144]

ΣΩ. Πῶς λέγεις; ὁ ἀεὶ ἔχων ὀρθὴν δόξαν οὐκ ἀεὶ ἂν τυγχάνοι, ἕωσπερ ὀρθὰ δοξάζοι;

ΜΕΝ. Ἀνάγκη μοι φαίνεται· ὥστε θαυμάζω, ὦ Σώκρατες, [d] τούτου οὕτως ἔχοντος, ὅτι δή ποτε πολὺ τιμιωτέρα ἡ ἐπιστήμη τῆς ὀρθῆς δόξης, καὶ δι' ὅτι τὸ μὲν ἕτερον, τὸ δὲ ἕτερόν ἐστιν αὐτῶν.

ΣΩ. Οἶσθα οὖν δι' ὅτι θαυμάζεις, ἢ ἐγώ σοι εἴπω;

ΜΕΝ. Πάνυ γ' εἰπέ.

ΣΩ. Ὅτι τοῖς Δαιδάλου ἀγάλμασιν οὐ προσέσχηκας τὸν νοῦν· ἴσως δὲ οὐδ' ἔστιν παρ' ὑμῖν.

ΜΕΝ. Πρὸς τί δὲ δὴ τοῦτο λέγεις;

ΣΩ. Ὅτι καὶ ταῦτα, ἐὰν μὲν μὴ δεδεμένα ᾖ, ἀποδιδράσκει καὶ δραπετεύει, ἐὰν δὲ δεδεμένα, παραμένει.

ΜΕΝ. [e] Τί οὖν δή;

ΣΩ. Τῶν ἐκείνου ποιημάτων λελυμένον μὲν ἐκτῆσθαι οὐ πολλῆς τινος ἄξιόν ἐστι τιμῆς, ὥσπερ δραπέτην ἄνθρωπον – οὐ γὰρ παραμένει – δεδεμένον δὲ πολλοῦ ἄξιον· πάνυ γὰρ καλὰ τὰ ἔργα ἐστίν. πρὸς τί οὖν δὴ λέγω ταῦτα; πρὸς τὰς δόξας τὰς ἀληθεῖς. καὶ γὰρ αἱ δόξαι αἱ ἀληθεῖς, ὅσον μὲν ἂν χρόνον παραμένωσιν, καλὸν τὸ χρῆμα καὶ πάντ' [98a] ἀγαθὰ ἐργάζονται· πολὺν δὲ χρόνον οὐκ ἐθέλουσι παραμένειν, ἀλλὰ δραπετεύουσιν ἐκ τῆς ψυχῆς τοῦ ἀνθρώπου, ὥστε οὐ πολλοῦ ἄξιαί εἰσιν, ἕως ἄν τις αὐτὰς δήσῃ αἰτίας λογισμῷ. τοῦτο δ' ἐστίν, ὦ Μένων ἑταῖρε, ἀνάμνησις, ὡς ἐν τοῖς πρόσθεν ἡμῖν ὡμολόγηται. ἐπειδὰν δὲ δεθῶσιν, πρῶτον μὲν ἐπιστῆμαι γί-

Sokrates. Wie meinst du das? Wer immer eine richtige Meinung hat, sollte der nicht immer das Richtige treffen, solange er wenigstens das Richtige meint?

Menon. Das scheint mir zwingend so. Aber wenn dem so ist, Sokrates, dann wundere ich mich darüber, [d] dass das Wissen weit höher geschätzt wird als die richtige Meinung und warum man überhaupt zwischen beiden einen Unterschied macht.

Sokrates. Weißt du, warum du dich wunderst, oder soll ich es dir sagen?

Menon. Ja, sag es mir.

Sokrates. Weil du nicht an die Standbilder des Dädalus gedacht hast; aber vielleicht gibt es hier bei euch keine.

Menon. Was meinst du denn damit wieder?

Sokrates. Dass auch diese, wenn man sie nicht anbindet, weglaufen und Reißaus nehmen; wenn man sie aber anbindet, bleiben sie da.[145]

Menon. [e] Was soll das wieder?

Sokrates. Eines seiner Werke zu besitzen, das nicht angebunden ist, ist nicht viel wert; es ist damit wie mit einem Sklaven, der ausreißt, denn es bleibt nicht da; angebunden aber ist es viel wert, denn diese Werke sind sehr schön. Warum sage ich das? Ich sage es im Hinblick auf die richtigen Meinungen. Denn auch diese sind eine schöne Sache und [98a] bewirken nur Gutes, solange sie da sind. Lange aber wollen sie nicht bleiben, sondern sie nehmen aus der Seele des Menschen Reißaus, so dass sie nicht viel wert sind, bis jemand sie mit einer begründeten Überlegung[146] anbindet. Das aber ist, mein Freund Menon, die Wiedererinnerung, worüber wir uns ja vorher geeinigt haben.[147] Wenn sie aber angebunden sind, dann werden sie erstens zu Wissen, und

γνονται, ἔπειτα μόνιμοι· καὶ διὰ ταῦτα δὴ τιμιώτερον ἐπιστήμη ὀρθῆς δόξης ἐστίν, καὶ διαφέρει δεσμῷ ἐπιστήμη ὀρθῆς δόξης.

ΜΕΝ. Νὴ τὸν Δία, ὦ Σώκρατες, ἔοικεν τοιούτῳ τινί.

ΣΩ. [b] Καὶ μὴν καὶ ἐγὼ ὡς οὐκ εἰδὼς λέγω, ἀλλὰ εἰκάζων· ὅτι δέ ἐστίν τι ἀλλοῖον ὀρθὴ δόξα καὶ ἐπιστήμη, οὐ πάνυ μοι δοκῶ τοῦτο εἰκάζειν, ἀλλ' εἴπερ τι ἄλλο φαίην ἂν εἰδέναι – ὀλίγα δ' ἂν φαίην – ἓν δ' οὖν καὶ τοῦτο ἐκείνων θείην ἂν ὧν οἶδα.

ΜΕΝ. Καὶ ὀρθῶς γε, ὦ Σώκρατες, λέγεις.

ΣΩ. Τί δέ; τόδε οὐκ ὀρθῶς, ὅτι ἀληθὴς δόξα ἡγουμένη τὸ ἔργον ἑκάστης τῆς πράξεως οὐδὲν χεῖρον ἀπεργάζεται ἢ ἐπιστήμη;

ΜΕΝ. Καὶ τοῦτο δοκεῖς μοι ἀληθῆ λέγειν.

ΣΩ. [c] Οὐδὲν ἄρα ὀρθὴ δόξα ἐπιστήμης χεῖρον οὐδὲ ἧττον ὠφελίμη ἔσται εἰς τὰς πράξεις, οὐδὲ ἀνὴρ ὁ ἔχων ὀρθὴν δόξαν ἢ ὁ ἐπιστήμην.

ΜΕΝ. Ἔστι ταῦτα.

ΣΩ. Καὶ μὴν ὅ γε ἀγαθὸς ἀνὴρ ὠφέλιμος ἡμῖν ὡμολόγηται εἶναι.

ΜΕΝ. Ναί.

ΣΩ. Ἐπειδὴ τοίνυν οὐ μόνον δι' ἐπιστήμην ἀγαθοὶ ἄνδρες ἂν εἶεν καὶ ὠφέλιμοι ταῖς πόλεσιν, εἴπερ εἶεν, ἀλλὰ καὶ δι' ὀρθὴν δόξαν, τούτοιν δὲ οὐδέτερον φύσει ἐστὶν τοῖς ἀνθρώποις, [d] οὔτε ἐπιστήμη οὔτε δόξα ἀληθής, [οὔτ' ἐπίκτητα] – ἢ δοκεῖ σοι φύσει ὁποτερονοῦν αὐτοῖν εἶναι;

zweitens bleiben sie dann auch. Und deswegen ist das Wissen wertvoller als richtige Meinung und unterscheidet sich durch sein Festgebundensein von der richtigen Meinung.

Menon. Beim Zeus, Sokrates, so etwa scheint es zu sein.

Sokrates. [b] Das sage ich freilich nicht, weil ich es weiß, sondern ich vermute es nur. Dass aber die richtige Meinung etwas anderes ist als Wissen, das glaube ich nicht nur zu vermuten, sondern wenn ich von irgendetwas behaupten könnte, es zu wissen – und das würde ich nur von wenigem behaupten –, dann würde ich dies für eines der Dinge halten, die ich weiß.

Menon. Und damit hast du auch recht, Sokrates.

Sokrates. Wie nun? Ist nicht auch das richtig, dass unter der Leitung der richtigen Meinung das Ergebnis jeder Tätigkeit nicht schlechter ausfällt als unter der Leitung von Wissen?

Menon. Auch damit scheinst du recht zu haben.

Sokrates. [c] Also wird die richtige Meinung nicht schlechter und nicht weniger nützlich für das Handeln sein als Wissen, noch ein Mann mit richtiger Meinung weniger als einer mit Wissen.[148]

Menon. So ist es.

Sokrates. Auch waren wir uns doch einig, dass der gute Mann auch nützlich ist.[149]

Menon. Ja.

Sokrates. Da nun Männer nicht nur aufgrund von Wissen gut und für den Staat nützlich sind, wenn sie es denn sind, sondern auch aufgrund von richtiger Meinung, keines von beiden aber, [d] weder Wissen noch richtige Meinung, den Menschen von Natur innewohnt[150] – oder glaubst du, dass eines von beiden[151] von Natur gegeben ist?

MEN. Οὐκ ἔμοιγε.

ΣΩ. Οὐκοῦν ἐπειδὴ οὐ φύσει, οὐδὲ οἱ ἀγαθοὶ φύσει εἶεν ἄν.

MEN. Οὐ δῆτα.

ΣΩ. Ἐπειδὴ δέ γε οὐ φύσει, ἐσκοποῦμεν τὸ μετὰ τοῦτο εἰ διδακτόν ἐστιν.

MEN. Ναί.

ΣΩ. Οὐκοῦν διδακτὸν ἔδοξεν εἶναι, εἰ φρόνησις ἡ ἀρετή;

MEN. Ναί.

ΣΩ. Κἂν εἴ γε διδακτὸν εἴη, φρόνησις ἂν εἶναι;

MEN. Πάνυ γε.

ΣΩ. [e] Καὶ εἰ μέν γε διδάσκαλοι εἶεν, διδακτὸν ἂν εἶναι, μὴ ὄντων δὲ οὐ διδακτόν;

MEN. Οὕτω.

ΣΩ. Ἀλλὰ μὴν ὡμολογήκαμεν μὴ εἶναι αὐτοῦ διδασκάλους;

MEN. Ἔστι ταῦτα.

ΣΩ. Ὡμολογήκαμεν ἄρα μήτε διδακτὸν αὐτὸ μήτε φρόνησιν εἶναι;

MEN. Πάνυ γε.

ΣΩ. Ἀλλὰ μὴν ἀγαθόν γε αὐτὸ ὁμολογοῦμεν εἶναι;

MEN. Ναί.

ΣΩ. Ὠφέλιμον δὲ καὶ ἀγαθὸν εἶναι τὸ ὀρθῶς ἡγούμενον;

MEN. Πάνυ γε.

ΣΩ. [99a] Ὀρθῶς δέ γε ἡγεῖσθαι δύο ὄντα ταῦτα μόνα, δόξαν τε ἀληθῆ καὶ ἐπιστήμην, ἃ ἔχων ἄνθρωπος ὀρθῶς ἡγεῖται –

Menon. Nein, das glaube ich nicht.

Sokrates. Da man beides also nicht von Natur aus besitzt, so sind wohl auch die Menschen nicht von Natur aus gut.[152]

Menon. Keineswegs.

Sokrates. Da sie es aber nicht von Natur aus sind, haben wir hernach geprüft, ob das[153] lehrbar sei.

Menon. Ja.

Sokrates. Glaubten wir nicht, es müsse lehrbar sein, wenn die Tugend Einsicht ist?

Menon. Ja.

Sokrates. Und dass sie[154], wenn sie lehrbar wäre, Einsicht ist?

Menon. Gewiss.

Sokrates. [e] Und dass sie lehrbar wäre, wenn es Lehrer dafür gäbe, andernfalls aber nicht?[155]

Menon. So ist es.

Sokrates. Aber wir haben uns doch darauf geeinigt, dass es dafür keine Lehrer gibt?

Menon. So ist es.

Sokrates. Wir waren doch einer Meinung, dass sie weder lehrbar noch Einsicht ist?[156]

Menon. Ganz recht.

Sokrates. Aber darin sind wir uns doch einig, dass sie etwas Gutes ist?[157]

Menon. Ja.

Sokrates. Und dass, was richtig führt, nützlich und gut ist?[158]

Menon. Gewiss.

Sokrates. [99a] Es gibt aber nur zwei Dinge, die richtig führen, nämlich richtige Meinung und Wissen; wenn der

τὰ γὰρ ἀπὸ τύχης τινὸς ὀρθῶς γιγνόμενα οὐκ ἀνθρωπίνῃ ἡγεμονίᾳ γίγνεται – ὧν δὲ ἄνθρωπος ἡγεμών ἐστιν ἐπὶ τὸ ὀρθόν, δύο ταῦτα, δόξα ἀληθὴς καὶ ἐπιστήμη.

ΜΕΝ. Δοκεῖ μοι οὕτω.

ΣΩ. Οὐκοῦν ἐπειδὴ οὐ διδακτόν ἐστιν, οὐδ' ἐπιστήμη δὴ ἔτι γίγνεται ἡ ἀρετή;

ΜΕΝ. Οὐ φαίνεται.

ΣΩ. [b] Δυοῖν ἄρα ὄντοιν ἀγαθοῖν καὶ ὠφελίμοιν τὸ μὲν ἕτερον ἀπολέλυται, καὶ οὐκ ἂν εἴη ἐν πολιτικῇ πράξει ἐπιστήμη ἡγεμών.

ΜΕΝ. Οὔ μοι δοκεῖ.

ΣΩ. Οὐκ ἄρα σοφίᾳ τινὶ οὐδὲ σοφοὶ ὄντες οἱ τοιοῦτοι ἄνδρες ἡγοῦντο ταῖς πόλεσιν, οἱ ἀμφὶ Θεμιστοκλέα τε καὶ οὓς ἄρτι Ἄνυτος ὅδε ἔλεγεν· διὸ δὴ καὶ οὐχ οἷοί τε ἄλλους ποιεῖν τοιούτους οἷοι αὐτοί εἰσι, ἅτε οὐ δι' ἐπιστήμην ὄντες τοιοῦτοι.

ΜΕΝ. Ἔοικεν οὕτως ἔχειν, ὦ Σώκρατες, ὡς λέγεις.

ΣΩ. Οὐκοῦν εἰ μὴ ἐπιστήμῃ, εὐδοξίᾳ δὴ τὸ λοιπὸν [c] γίγνεται· ᾗ οἱ πολιτικοὶ ἄνδρες χρώμενοι τὰς πόλεις ὀρθοῦσιν, οὐδὲν διαφερόντως ἔχοντες πρὸς τὸ φρονεῖν ἢ οἱ χρησμῳδοί τε καὶ οἱ θεομάντεις· καὶ γὰρ οὗτοι ἐνθουσιῶντες λέγουσιν μὲν ἀληθῆ καὶ πολλά, ἴσασι δὲ οὐδὲν ὧν λέγουσιν.

ΜΕΝ. Κινδυνεύει οὕτως ἔχειν.

ΣΩ. Οὐκοῦν, ὦ Μένων, ἄξιον τούτους θείους καλεῖν τοὺς ἄνδρας, οἵτινες νοῦν μὴ ἔχοντες πολλὰ καὶ μεγάλα κατορθοῦσιν ὧν πράττουσι καὶ λέγουσι;

Mensch diese besitzt, leitet er richtig. Denn was durch Zufall richtig geschieht, geschieht nicht durch menschliche Führung. Wo aber der Mensch Führer zum Richtigen ist, da sind es diese beiden, richtige Meinung und Wissen.

Menon. Das scheint auch mir so.

Sokrates. Da Tugend nicht lehrbar ist, kommt sie auch nicht durch Wissen zustande?

Menon. Offenbar nicht.

Sokrates. [b] Von den zwei Dingen, die gut und nützlich sind, ist also das eine weggefallen, und damit hätte im politischen Handeln Wissen nicht die Führung.

Menon. Ich glaube nicht.

Sokrates. Also nicht durch eine Art Wissen oder weil sie weise waren, haben solche Männer wie Themistokles und diejenigen, die Anytos hier eben nannte, den Staat geleitet. Daher sind sie auch nicht imstande, andere zu solchen Männern zu machen, wie sie selbst sind, weil sie das nicht aufgrund ihres Wissens sind.

Menon. Es scheint so zu sein, wie du sagst, Sokrates.

Sokrates. Wenn aber nicht aufgrund von Wissen, dann bleibt nur noch die richtige Meinung[159] [c] übrig? Mit deren Hilfe erhalten die Staatsmänner ihren Staat aufrecht, während sie sich, was die Einsicht angeht, in nichts von den Orakelsängern und Wahrsagern unterscheiden. Denn auch diese verkünden in ihrer Verzückung oft Wahres, ein Wissen von dem, was sie sagen, haben sie aber nicht.[160]

Menon. Es mag wohl so sein.

Sokrates. Dann, Menon, ist es wohl nicht recht und billig, diese Männer göttlich zu nennen, die, ohne Verstand zu haben, oftmals mit dem, was sie tun und sagen, Großes vollbringen?[161]

MEN. Πάνυ γε.

ΣΩ. Ὀρθῶς ἄρ' ἂν καλοῖμεν θείους τε οὓς νυνδὴ ἐλέγομεν [d] χρησμῳδοὺς καὶ μάντεις καὶ τοὺς ποιητικοὺς ἅπαντας· καὶ τοὺς πολιτικοὺς οὐχ ἥκιστα τούτων φαῖμεν ἂν θείους τε εἶναι καὶ ἐνθουσιάζειν, ἐπίπνους ὄντας καὶ κατεχομένους ἐκ τοῦ θεοῦ, ὅταν κατορθῶσι λέγοντες πολλὰ καὶ μεγάλα πράγματα, μηδὲν εἰδότες ὧν λέγουσιν.

MEN. Πάνυ γε.

ΣΩ. Καὶ αἵ γε γυναῖκες δήπου, ὦ Μένων, τοὺς ἀγαθοὺς ἄνδρας θείους καλοῦσι· καὶ οἱ Λάκωνες ὅταν τινὰ ἐγκωμιάζωσιν ἀγαθὸν ἄνδρα, »Σεῖος ἀνήρ«, φασίν, »οὗτος.«

MEN. [e] Καὶ φαίνονταί γε, ὦ Σώκρατες, ὀρθῶς λέγειν. καίτοι ἴσως Ἄνυτος ὅδε σοι ἄχθεται λέγοντι.

ΣΩ. Οὐδὲν μέλει ἔμοιγε. τούτῳ μέν, ὦ Μένων, καὶ αὖθις διαλεξόμεθα· εἰ δὲ νῦν ἡμεῖς ἐν παντὶ τῷ λόγῳ τούτῳ καλῶς ἐζητήσαμέν τε καὶ ἐλέγομεν, ἀρετὴ ἂν εἴη οὔτε φύσει οὔτε διδακτόν, ἀλλὰ θείᾳ μοίρᾳ παραγιγνομένη ἄνευ νοῦ οἷς ἂν [100a] παραγίγνηται, εἰ μή τις εἴη τοιοῦτος τῶν πολιτικῶν ἀνδρῶν οἷος καὶ ἄλλον ποιῆσαι πολιτικόν. εἰ δὲ εἴη, σχεδὸν ἄν τι οὗτος λέγοιτο τοιοῦτος ἐν τοῖς ζῶσιν οἷον ἔφη Ὅμηρος ἐν τοῖς τεθνεῶσιν τὸν Τειρεσίαν εἶναι, λέγων περὶ αὐτοῦ, ὅτι οἷος πέπνυται τῶν ἐν Ἅιδου, τοὶ δὲ σκιαὶ ἀίσσουσι. ταὐτὸν ἂν καὶ

Menon. Gewiss.

Sokrates. Mit Recht würden wir die eben erwähnten [d] Orakelsänger und Wahrsager göttlich nennen und auch alle Dichter. Und nicht weniger als von diesen dürften wir auch von den Staatsmännern behaupten, sie seien göttlich und verzückt, da sie von der Gottheit begeistert und ergriffen sind, wenn sie mit ihren Reden oftmals große Dinge glücklich bewirken, ohne von dem, was sie sagen, etwas zu wissen.

Menon. Gewiss.

Sokrates. Schließlich, Menon, nennen auch die Frauen die guten Männer göttlich; und wenn die Spartaner einen als guten Mann preisen wollen, sagen sie: »Ein göttlicher[162] Mann ist dieser.«

Menon. [e] Und damit haben sie offenbar auch recht, Sokrates; mag auch Anytos sich hier vielleicht über dich ärgern, wenn du das sagst.

Sokrates. Das kümmert mich nicht; mit ihm, Menon, wollen wir uns noch ein anderesmal unterhalten. Wenn wir jetzt in unserem ganzen Gespräch die Sache richtig untersucht und besprochen haben, wäre Tugend weder von Natur gegeben, noch könnte sie gelehrt werden, sondern sie wäre etwas, das denjenigen, denen sie eben zukommt, durch göttliche Fügung und ohne Einsicht zufällt, [100a] sonst würde es doch unter den Staatsmännern einen solchen geben, der imstande wäre, einen anderen zum Politiker auszubilden.[163] Gäbe es aber so einen, dann könnte man von ihm sagen, er sei unter den Lebenden beinahe das, was Homer von Teiresias[164] unter den Toten sagt, wenn es von ihm heißt: Er allein ist verständig unter denen im Hades, die anderen flattern umher als Schatten.[165] Denn so je-

ἐνθάδε ὁ τοιοῦτος ὥσπερ παρὰ σκιὰς ἀληθὲς ἂν πρᾶγμα εἴη πρὸς ἀρετήν.

ΜΕΝ. [b] Κάλλιστα δοκεῖς μοι λέγειν, ὦ Σώκρατες.

ΣΩ. Ἐκ μὲν τοίνυν τούτου τοῦ λογισμοῦ, ὦ Μένων, θείᾳ μοίρᾳ ἡμῖν φαίνεται παραγιγνομένη ἡ ἀρετὴ οἷς ἂν παραγίγνηται· τὸ δὲ σαφὲς περὶ αὐτοῦ εἰσόμεθα τότε, ὅταν πρὶν ᾧτινι τρόπῳ τοῖς ἀνθρώποις παραγίγνεται ἀρετή, πρότερον ἐπιχειρήσωμεν αὐτὸ καθ' αὐτὸ ζητεῖν τί ποτ' ἔστιν ἀρετή. νῦν δ' ἐμοὶ μὲν ὥρα ποι ἰέναι, σὺ δὲ ταὐτὰ ταῦτα ἅπερ αὐτὸς πέπεισαι πεῖθε καὶ τὸν ξένον τόνδε Ἄνυτον, ἵνα [c] πρᾳότερος ᾖ· ὡς ἐὰν πείσῃς τοῦτον, ἔστιν ὅτι καὶ Ἀθηναίους ὀνήσεις.

mand wäre auch hier hinsichtlich der Tugend dasselbe wie ein wirkliches Ding verglichen mit Schatten.

Menon. [b] Das hast du sehr schön gesagt, so kommt es mir vor, Sokrates.

Sokrates. Nach dieser Überlegung scheint sich dann für uns die Tugend durch göttliche Fügung bei denen einzustellen, bei denen sie sich eben einstellt. Genaues aber werden wir darüber erst dann wissen, wenn wir uns, bevor wir uns fragen, auf welche Weise sie sich bei den Menschen einstellt, zuerst anschicken, zu untersuchen, was denn die Tugend an und für sich ist. Jetzt aber ist es für mich an der Zeit zu gehen[166]; du aber versuche, von dem, wovon du selbst überzeugt bist, auch deinen Gastfreund Anytos hier zu überzeugen, damit er sich wieder [c] etwas beruhigt. Wenn du ihn überzeugen kannst, wirst du auch den Athenern damit einen guten Dienst erwiesen.

Anhang

Zu dieser Ausgabe

Der griechische Text folgt der Ausgabe von R. S. Bluck (*Plato's Meno*, Cambridge 1961), mit folgenden Abweichungen:

	Bluck	*Krapinger*
73b 5	σωφροσύνης.	σωφροσύνης; (Ebert)
73c 1	εἰσιν·	εἰσιν; (Ebert)
75d 7	ἐρωτῶν	ἐρωτώμενος (Burnet)

Viele Stellen des äußerst vielschichtigen *Menon* sind in ihrer Deutung umstritten. Hierfür sowie für eine detaillierte Skizze des Diskussionsverlaufs und zu den zahlreichen elenktischen Finten (meist von Sokrates) und dialektischen oder denkerischen Schwächen (meist von Menon) lohnt sich ein Blick in die Kommentare (v. a. Bluck 1961, Scott 2006, Hallich 2013 und Ebert 2018).

Für seine profunde Hilfe in philologischen Fragen danke ich meinem Freund und Lehrer Herbert Wurm.

Platons Werke wurden wie folgt abgekürzt:

Alk. 2: *Alkibiades* 2; apol.: *Apologie*; Charm.: *Charmides*; epist.: *Epistulae*; Euthyd.: *Euthydemos*; Euthyphr.: *Euthyphron*; Gorg.: *Gorgias*; Hipp. mai.: *Hippias maior*; Hipp. min.: *Hippias minor*; Krat.: *Kratylos*; Lach.: *Laches*; leg.: *Leges/Nomoi*; Lys.: *Lysis*; Phaidr.: *Phaidros*; Phil.: *Philebos*; polit.: *Politikos*; Prot.: *Protagoras*; rep.: *De re publica / Politeia*; soph.: *Sophistes*; symp.: *Symposion*; Tht.: *Theaitetos*; Tim.: *Timaios*.

Andere Autorennamen und Werktitel wurden wie folgt abgekürzt:

Aristot.	Aristoteles
eth. Nic.	*Ethica Nicomachea*
gen. corr.	*De generatione et corruptione*
pol.	*Politika*
Aristoph.	Aristophanes
Ach.	*Acharnenses*
nub.	*Nubes*

Diog. Laert.	Diogenes Laertios
diss. log.	*Dissoi logoi*
Fab. Max.	Fabius Maximus
Hdt.	Herodot
Hom. Od.	Homer, *Odyssee*
Isokr. or.	Isokrates, *Orationes*
Iulian.	Iulianos
Plut.	Plutarch
Per.	*Perikles*
plac. philos.	*Placita philosophorum*
gen. corr.	*De generatione et corruptione*
Them. or.	Themistios, *Orationes*
Theophr. sens.	Theophrast, *De sensu*
Xen.	Xenophon
anab.	*Anabasis*
mem.	*Memorabilia*
symp.	*Symposium*

Text-/Fragmentsammlungen:

CAG	Commentaria in Aristotelem Graeca. Edita consilio et auctoritate Academiae Litterarum Regiae Borussiae. 18 Bde. Berlin 1882–1909.
DK	Diels, H. / Kranz, W. (Hrsg.): Fragmente der Vorsokratiker. 3 Bde. Zürich 1974. [Unveränderter Nachdr. der 6. Aufl.]
Maehler	Maehler, H. (Hrsg.): Pindari Carmina cum fragmentis. Pars II. Fragmenta. Indices. Leipzig 1989.
PMG	Page, D. L.: Poetae melici graeci. Oxford 1962.
Prince	Prince, S.: Antisthenes of Athens. Texts, Translations and Commentary. Ann Arbor 2014.

Anmerkungen

Zu den verwendeten Abkürzungen siehe S. 123 f. Platon-Werke werden im Folgenden meist ohne Autornennung angegeben.

1 *Areté* kommt nicht nur Menschen, sondern etwa auch Tieren (Hdt. III,88,3), Staaten (Aristot. pol. I,13,1260b 14–18), Körperorganen (Aristot. eth. Nic. II,5,1106a 15–20) und Werkzeugen (wie dem Winzermesser, Plat. rep. I,353a) zu; daher ist es schier unmöglich, den Begriff adäquat zu übersetzen; wir übersetzen ihn dennoch einheitlich mit »Tugend«; allgemein zur Tugend, der »intellektualistisch verstandenen seelischen Vollkommenheit einer Person« (Horn ^{2}2017, S. 351), dem neben »Glück« (*eudaimonía*) wichtigsten Konzept der platonischen Moralphilosophie, siehe Horn ^{2}2017, S. 351–355.

2 Diese Alternative wird im Verlauf des Gesprächs lange nicht wieder aufgenommen, klingt aber in 96e 2–5 zumindest an; dass sie Platons Meinung entspricht, macht Ebert 2018, S. 157–158 plausibel.

3 Ein griechischer Politiker aus dem Adelsgeschlecht der Aleuaden und Schüler des Gorgias.

4 Gorgias von Leontinoi auf Sizilien (um 483 – um 385 v. Chr.), einer der einflussreichsten griechischen Sophisten, war ein Meister in der Ausübung und Lehre der Rhetorik, bei der es ihm weniger auf die systematische Behandlung des Gegenstandes ankam als auf den effektvollsten poetischen Ausdruck; als er 427 v. Chr. an der Spitze einer Gesandtschaft seiner Heimatstadt nach Athen kam, überwältigten seine Reden die Athener durch die Brillanz und Neuheit ihres Stils. Seine überlieferten Reden *Lob der Helena* und *Verteidigung des Palamedes* bezeugen sein Vertrauen darauf, dass der geschulte Redner Argumente zur Unterstützung jeder beliebigen Sache finden kann, sowie seinen bemerkenswerten Prosastil, der sich durch kurze, symmetrisch gebaute Sätze, rhythmisch ausbalancierte Antithesen, Wortechos und Wortspiele auszeichnet. Erhalten sind ferner ein Teil einer Begräbnisrede und ein Fragment über das paradoxe Thema »Es existiert nichts«. Später

reiste Gorgias durch Griechenland und hielt Vorträge; er starb hochbetagt in Larisa (Thessalien); vgl. die weiteren Hinweise auf Gorgias als Lehrer Menons in 71c 5–d; 73c 7; 76b 1; 76c 4; 79e 6; 95c 1–4; 96d 7. Gorgias tritt in einigen Dialogen Platons auf, wo er mit Hochachtung behandelt wird; vgl. neben dem nach Gorgias selbst benannten Dialog noch Phaidr. 261c und apol. 19e.

5 Eine aristokratische Familie in Thessalien; siehe Stein-Hölkeskamp 1996.

6 Zu dieser Eigenschaft des Gorgias vgl. Gorg. 447a ff.; zu Gorgias als Meister der Improvisation vgl. DK 82 A 1 a.

7 Ironisch, denn für Sokrates und Platon war »Wissen« etwas anderes als das durch Gorgias' Unterricht Vermittelte. Auch im Folgenden ist der Dialog von Komik und Ironie durchsetzt; vgl. die diesbezüglichen Hinweise in Ebert 2018, S. 52, 53, 56, 60, 69 Anm. 26, 72, 75, 77, 81, 82, 83, 88, 89, 96, 97, 105, 116, 119, 121, 130, 133, 134 Anm. 62, 145, 157, 160.

8 Zur Klärung der Frage nach dem Wesen der Tugend als Voraussetzung dafür, zu wissen, wie diese erworben wird, vgl. schon Lach. 190b–c.

9 Vgl. 100b 4–6.

10 Zu diesem nicht schlüssigen Argument (»ich muss X nicht kennen und kann dennoch wissen, dass er reich ist«) siehe Ebert 2018, S. 54.

11 Mit seiner »Vergesslichkeit« kokettiert Sokrates auch in Prot. 334c 8 f.; vielleicht liegt darin auch, worauf Hallich 2013, S. 27 hinweist, eine vorausweisende Anspielung auf die »Erinnerungslehre«, die später im Dialog eine zentrale Rolle einnehmen wird (82a–86b).

12 Der Grundsatz, dass man Freunden helfen und Feinden schaden soll, findet sich von Homer an bis in die römische Zeit; siehe Blundell 1989, S. 26–31; 37–38 et passim; vgl. Lys. 213a 8–b 1; Xen. mem. 2,6,35; 4,5,6; diss. log. 2,7.

13 Zu den unterschiedlichen Bedeutungen von *agathós* (»gut«) bei Platon, nämlich einerseits als »gewissen Standards genügend«, andererseits als »für jemanden oder etwas vorteilhaft«, siehe Ebert 1974, S. 143–151 und Ebert 2018, S. 61–62.

14 Der Sokrates-Schüler Antisthenes hat dagegen gesagt, dass

Männer und Frauen dieselbe Tugend haben (Diog. Laert. 6,12 = fr. 134 [r] Prince [2014, S. 394]).

15 Menon nimmt freilich den Mund zu voll; sehr bald wird er selbst in Verlegenheit sein; vgl. 74a und 80a.

16 Zum Begriff *ousía* als das bei einer Definition Gesuchte vgl. schon Euthyphr. 11a.

17 Gemeint ist: in ihrem Bienen-Sein; zum Gedanken, dass alle Tugenden ihrem Wesen nach dasselbe sind, und zur These von der Einheit der Tugenden im Platonicum siehe Horn ^{2}2017, S. 352–355.

18 Zum stilistischen Mittel eines »Dialogs im Dialog« (Ebert 2018, S. 55 und 73, 74, 77) greift Platon auch in 74b–e, 75a, 75c–d und 87a.

19 Das heißt: »als ein und dasselbe charakterisiert«; siehe Strobel 2007, 85–86.

20 Der Begriff *eîdos* wird hier und auch in 80a 5 nicht im Sinne von »Idee«, sondern in der Bedeutung »Gestalt«, »Äußeres« gebraucht, so dass man an dieser Stelle noch keine Anspielung auf die von Platon in späteren Dialogen ausgearbeitete »Ideenlehre« sehen muss; vgl. dazu Ebert 1974, S. 84 und Ebert 2018, S. 56 sowie Weiss 2001, S. 74–75; anderer Meinung sind Guthrie 1975, S. 253–254, Gaiser 2004, S. 353–399 sowie Ionescu 2007, S. XV–XVII; vgl. ferner Stemmer 1992, S. 50–63.

21 Ebert 2018, S. 60 ist zuzustimmen, dass die Übersetzung des griechischen Begriffs *dikaiosýne* mit »Gerechtigkeit« und von *díkaios* mit »gerecht« nicht ganz exakt ist, da das Deutsche bei einer »gerechten« Person sehr stark eine Position einer Entscheidungsmacht impliziert und, anders als das Griechische, den Aspekt der »Rechtstreue« nicht berücksichtigt.

22 Wir setzen hier, entgegen den übrigen modernen Herausgebern, ein Fragezeichen und folgen damit Ebert 2018, S. 10 Anm. 2.

23 Auch hier gehen wir, wie Ebert 2018, S. 10 Anm. 3, von einem Fragesatz aus; die Passage wird in der Forschung allerdings überhaupt kontrovers gedeutet; vgl. Irwin 1977, S. 313–314, Hallich 2013, S. 49 sowie Ebert 2018, S. 65–69.

24 Nach Hallich 2013, S. 51 wieder ein Verweis auf die später entfaltete Anamnesis-Lehre (82a–86b), wonach Erinnerung darin be-

steht, ein bereits latent vorhandenes Wissen um eine Sache aus sich herauszuholen.

25 Sokrates muss Menon den Unterschied zwischen dem generischen und dem spezifizierenden Gebrauch eines Ausdrucks erklären; siehe zur Stelle Scott 2006, S. 31–32 und Ebert 2018, S. 71 ff.

26 Das heißt: alle Figuren gehen mit Farben einher und alles, was mit Farben einhergeht, ist eine Figur; zur Modellhaftigkeit dieser Definition siehe Ebert 2018, S. 75–76 und Anm. 31 mit einer kritischen Betrachtung bisheriger Deutungen dieser Stelle.

27 Menon selbst erweist sich freilich als »recht einfältig«; er unterschlägt »als Einziges« (*mónon*, 75b 10), einen wichtigen Bestandteil der sokratischen Definition; siehe dazu Ebert 2018, S. 76 Anm. 31.

28 Menon schiebt den Einwand auf einen *fictus interlocutor*, denn er selbst hatte eben erst (74c 5–9 und 74d 1–3) keine Schwierigkeiten mit dem allgemeinen Begriff »Farbe«; siehe Ebert 2018, S. 77.

29 Unter Sophisten versteht Platon hier wie an vielen anderen Stellen eine bestimmte Gruppe von Intellektuellen, die als Lehrer von Stadt zu Stadt zogen und sich anboten, gegen Bezahlung Erziehung und Bildung (auf verschiedenen Gebieten) zu vermitteln (vgl. bes. Xen. mem. 1,6,13). In dieser Bedeutung konnte der Begriff, wie hier, eine sehr pejorative Färbung annehmen; vgl. Aristoph. nub. 331; bei Platon etwa in Gorg. 449d ff.; Phaidr. 267a; symp. 198c; Prot. 313a–314b; zur Auseinandersetzung des Dialogs Menon mit der Sophistik siehe bes. Hallich 2013, S. 31–34.

30 Wir lesen mit Burnet ὁ ἐρωτώμενος, nicht, wie Bluck, ὁ ἐρωτῶν (»der Fragende«); siehe auch Ebert 2018, S. 78 Anm. 33.

31 Statt Gedikes Konjektur προομολογῇ, die Bluck in den Text aufgenommen hat, schlägt Ebert (2018, S. 78 Anm. 34) überzeugend vor, προσδιομολογῇ zu lesen – eine Frage der Textkonstitution, die aber auf die Übersetzung keine Auswirkung hat; vgl. dazu auch Hallich 2013, S. 55 Anm. 5.

32 Mit »Ende«, »Grenze« und »Äußerstes« spielt Sokrates auf Prodikos' Vorliebe für Synonymik an. Dieser berühmte, von der Insel Kos stammende Sophist befasste sich mit der »Richtigkeit der Wörter« (*onomáton orthótes*; vgl. Krat. 384b 6; Euthyd. 277e 4),

vornehmlich im Sinne einer genauen Bedeutungsdifferenzierung von Wörtern mit ähnlicher, aber eben für ihn nicht identischer Bedeutung; der platonische Sokrates verhält sich gegenüber den Wortunterscheidungen des Prodikos, den er nach 96d 5–6 und Prot. 341a als seinen Lehrer ansieht, zumeist etwas reserviert, weil es ihm nicht auf Wortklauberei, sondern auf die gemeinsame Sache ankommt (vgl. Prot. 337a 3–4; 358a 6–b 2; Charm. 163d 3–7; ferner auch apol. 19e; Lach. 197d; polit. 261e 5–7; epist. VII 343a 9–b 6; Krat. 384b).

33 Warum Ebert 2018, S. 79 mit Anm. 36 darauf beharrt, *epípedon* statt mit »Fläche« mit »eben, flach, plan« zu übersetzen, bleibt unklar.

34 Die große Bedeutung der Mathematik für Platons Philosophie bezeugt der Spruch, der über dem Eingang der Akademie zu lesen war: Ἀγεωμετρητὸς μηδεὶς εἰσίτω (*Ageometretòs medeìs eisíto*; »Wer in der Geometrie nicht bewandert ist, trete nicht ein«; Iulian. Contra Heraclium 237d = CAG XVIII.1, Berlin 1900, S. 118, S. 13–19; vgl. dazu Saffrey/Westerink 1968, S. 67–87); siehe zur Mathematik zur Zeit Platons und zur Bedeutung der Mathematik für das Verständnis seiner Philosophie Lattmann 2019, passim.

35 Gemeint ist, was Farbe ist.

36 Bluck 1961, S. 251 z. St. verweist auf Aristot. gen. corr. 324b 26–27, Theophr. sens. 7 und Plut. plac. philos. IV,9. Der einer vornehmen Familie in Akragas (Agrigent) auf Sizilien entstammende Vorsokratiker Empedokles (um 495 – 435 v. Chr.) war nicht nur ein namhafter Philosoph und der Lehrer des Gorgias, sondern auch als Redner und Staatsmann, Arzt, Philosoph, Mystiker und Wundertäter berühmt.

37 Vgl. Fr. 105a Maehler. Pindar (518 – nach 446 v. Chr.) war ein griechischer Lyriker, der Epinikien, Oden zu Ehren der Sieger bei den vier großen panhellenischen Spielen, verfasste. Einige seiner bedeutendsten Gedichte schrieb er für die Tyrannen Siziliens, v. a. für Hieron I. von Syrakus und Theron von Akragas. Schon zu Lebzeiten war er hochberühmt, und alsbald wurde er als Autorität zitiert.

38 Bezieht man den Begriff der Farbe auf die zuerst vorgebrachte Definition (75c 6–7) zurück, dann begeht Sokrates den Fehler eines Zirkelschlusses; er tut dies aber wahrscheinlich durchaus bewusst; siehe Ebert 2018, S. 82 nebst Anm. 40.

39 Also »geschraubt« oder »gespreizt« oder, wie wohl am besten Ebert 2018, S. 83: »theatralisch«.

40 Gemeint sind die Mysterien von Eleusis.

41 Zu einer Unterscheidung zweier Stufen von Initiation in Analogie zu zwei Stufen von Gesprächen (vorphilosophischen und philosophischen) vgl. Euthyd. 277e 2 f.; Gorg. 497c 3 ff.; symp. 209e; siehe Szlezák 1985, S. 191–207; Erler 1987, S. 220.

42 Wichtig ist Hallichs (2013, S. 54) Hinweis, dass mit dem Begriff *parádeigma* nicht bloße »Illustration«, sondern ein »Maßstab, an dem sich Definitionen messen lassen und der die Unterscheidung zwischen richtigen und falschen Definitionen ermöglichen soll«, gemeint ist; vgl. Euthyphr. 6e; siehe auch Stemmer 1992, S. 54.

43 Auf welchen Dichter hier angespielt wird, ist ungewiss; siehe Bluck 1961, S. 256–257 z. St.

44 Dies ist die bekannte sokratische These, wonach niemand absichtlich fehlt; vgl. auch Hipp. min. 376b; apol. 25e; Prot. 345d–e; 352b–d; 358c–e; Gorg. 468c–e; 509e; soph. 228c; rep. II,382a; III,413a 6–8; IV,444a–c; IX,589e 1–590a 3; leg. V,731b 3–d 5; 734b 3–6; IX,860c–e; Phil. 22b; soph. 230a; Tim. 86d–e.

45 Eine Variation des vor kurzem von Menon mit dem Dichterzitat 77b 2 aufgestellten Satzes.

46 Sokrates' geschickte Elenktik hat dazu geführt, dass Menon eingestehen muss, dass seine in 77c 2 erhobene Behauptung, dass manche Menschen auch Schlechtes begehren, falsch war; zu Sokrates' Fragetechnik siehe ausführlich Ebert 2018, S. 62–65.

47 Gemeint ist das über das Wollen und das Dazu-fähig-Sein Gesagte.

48 Zu mutmaßlichen freundschaftlichen Kontakten der Vorfahren Menons zum persischen Großkönig siehe Bluck 1961, S. 261 z. St.

49 Es wird also das zu Definierende durch einen Teil seiner selbst, das heißt durch sich selbst bestimmt; vgl. auch 78d 8 und e 1.

50 Mit »auf diese Art« ist der Zirkelschluss gemeint.

51 Zur Deutung dieses Infinitivs (δεήσεσθαι) siehe Bluck 1961, S. 267 z. St. Der folgende Satz ist frei übersetzt, denn wörtlich ist er nicht in ein akzeptables Deutsch zu bringen; vgl. Merkelbach 1988: denn man wird nur immer wieder dieselbe Frage stellen müssen – »Was verstehst du denn unter der Tugend, von welcher du sprichst?«.

52 Gemeint ist Gorgias.

53 Ich deute das Imperfekt des Verbums (ἤκουον) iterativ.

54 Zum magischen Aspekt sokratischer (und sophistischer) Rede vgl. Euthyd. 288b 8; Gorg. 483e 6; soph. 234c; 235a; rep. X,598d; polit. 291c.

55 Vgl. 72a 2; zum ambivalenten Charakter der Aporie zwischen dem Zustand der Demütigung und der Erkenntnis des Nichtwissens als eines heilsamen Ergebnisses eines Elenchos siehe Strobach ²2017.

56 Wieder eine Anspielung auf die Anamnesis-Lehre in 82a–86b.

57 Wie und mit welchen Kriterien kann man feststellen, ob das, was man gefunden hat, das Gesuchte ist? Dieses Dilemma ist in der Forschung, besonders in der angelsächsischen, als Menons Paradox bekannt; siehe dazu Nehamas 1985 und Ebert 2018, S. 170–175.

58 Mit dieser Formel wird auch in anderen Dialogen ein religiöser Gedanke eingeführt – vgl. Gorg. 493a 1–2 und rep. IX,583b 5 f. oder eine Distanz des Sprechers von der Wahrheit seiner These zum Ausdruck gebracht – vgl. Lys. 215c 4–5; Charm. 161b 5; Tht. 201c 7–8.

59 Zur Frage, wer damit gemeint sein könnte (Vertreter orphischer Geheimlehren oder pythagoreischer Anschauungen) und wie ernst es Platon mit der Behauptung der Seelenunsterblichkeit war, bzw. zur Funktion der Unsterblichkeitsthematik im Menon überhaupt informiert am besten Hallich 2013, S. 121–127, mit einschlägiger Literatur.

60 Zu Pindar siehe Anm. 37.

61 Gemeint ist hier wohl die angebliche Mitschuld des Menschengeschlechts an der Ermordung und Verspeisung des Persephone-Sohnes Zagreus durch die Titanen, von welcher sich die Einzelseele nach orphisch-pythagoreischer Lehre durch den Lernpro-

zess der Seelenwanderung befreien kann; siehe Seiler 2016, S. 44, Anm. 86 und Müller ^{2}2017.

62 Zu diesem Zyklus siehe Bluck 1961, S. 278–284 und Seiler 2016, S. 42–47.

63 Fragment aus einem verlorenen Gedicht Pindars (Fr. 133 Maehler).

64 Vgl. 86b 2.

65 Gemeint ist die These von der Unmöglichkeit des Forschens, Menons Paradox(on).

66 Gemeint ist das Argument der Priester von der Unsterblichkeit der Seele und vom Lernen als Wiedererinnerung; vgl. auch 86b.

67 Überlegenswert ist der Vorschlag Eberts (2018, S. 99–100 und 175–178), hier anstatt ἀλλὰ πῶς die Variante ἀλλ᾽ ἁπλῶς zu lesen; Ebert übersetzt: »Aber behauptest du dies uneingeschränkt, dass wir nicht lernen …« Der Sinn der Ausführungen des Sokrates ist klar, so dass es nicht recht passt, wenn Menon hier um eine Erklärung bittet; vielmehr möchte er wissen, ob denn Menschen sich ganz allgemein an frühere Existenzen erinnern könnten oder ob dies nur wenigen vorbehalten sei. Denn genau diese allgemeine Gültigkeit der These der Wiedererinnerung weist Sokrates an dem zufällig ausgewählten Sklaven als Gesprächspartner der »Geometriestunde« auch tatsächlich nach.

68 Zum Begriff *tetrágonon* bei Platon und in der Mathematik seiner Zeit siehe Ebert 2018, S. 100 Anm. 54. Das Ausgangsquadrat des Beweisganges nach Lattmann 2019, S. 130 (Abb. 5):

69 Damit sind die Diagonalen, nicht die Mittelparallelen oder »Mittelsenkrechten« (Lattmann 2019, S. 126) gemeint; die Diagonalen sind gleich lang, so dass man folgern kann, dass das Viereck ein Rechteck ist; dass es ein Quadrat ist, ergibt sich aus der Frage des Sokrates, ob ein Viereck vier gleich lange Seiten haben könne (82b–c).

70 Zum Begriff *choríon* siehe Ebert 2018, S. 101 Anm. 55.

71 Gemeint ist hier und im Folgenden (83a) natürlich: Quadratfuß.

72 Hier wendet sich Sokrates, wie in 84a 3–d 3, vorübergehend wieder an Menon.

73 Zur Funktion von Sokrates' Zeichnungen in den Sand, das heißt zur Frage der Bedeutung der Sinnesdaten für den Erkenntnisprozess im Sklaven, gibt es eine mathematikphilosophische Kontroverse; vgl. dazu Scott 1995, S. 17–23; 53–85; Netz 1999, S. 25–26; Williams 2002; Kahn 2003; Albrecht 2011, S. 153–157; Jürgasch 2013, S. 96–102.

74 Sokrates verdoppelt nun alle vier gleich langen Seiten des ursprünglichen Quadrates; siehe Lattmann 2019, S. 134 Abb. 6:

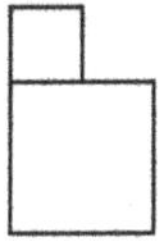

75 Auf Sokrates' *reductio ad absurdum* kann der Sklave nur mit heftiger Ablehnung reagieren.

76 Nach Lattmann 2019, S. 136 Abb. 7 (die fett gestrichelten Linien sind zwei Seiten des Quadrats von 3 × 3 Fuß):

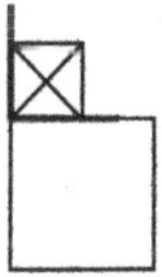

77 Der Sklave kann die Diagonale des ursprünglichen Quadrates noch nicht als die gesuchte Linie erkennen.

78 Auf das Eingeständnis des Sklaven, nicht mehr weiterzuwissen, folgt ein kurzes Zwischengespräch von Sokrates und Menon (84a 3–d 2), in dem Sokrates als bisheriges Ergebnis festhält, dass der Sklave sich jetzt in einem Zustand befinde, der eine positive Fortentwicklung vom ersten Zustand der »falschen Meinungen« darstelle; nur aus dem Bewusstsein seiner Aporie heraus habe er ein Verlangen nach echtem Wissen entwickeln können (84c 4–6).

79 Ein Rückverweis auf 80a.

80 Das ist wohl eine Anspielung auf Menons vollmundige Behauptung in 80b 2–3; siehe auch Hallich 2013, S. 99.

81 Sokrates ergänzt zunächst das vorliegende vier Fuß große Quad-

rat um drei weitere Quadrate zu einem größeren Quadrat. Dieses hat nun die vierfache Größe des Ausgangsquadrates; wie kommt man nun zu einem nur doppelt so großen Quadrat (84e 3–4)?

82 Sokrates fügt in jedes der vier Quadrate, die das große Quadrat bilden, die Diagonale, die »Linie, die von Winkel zu Winkel verläuft« (84e 4), ein und fragt den Sklaven, ob diese Linie nicht jedes der vier (quadratischen) Flächenstücke halbiert (»die innere Hälfte abschneidet«, 84e 4–85a 1), was dieser bejaht; nach Lattmann 2019, S. 142 Abb. 8:

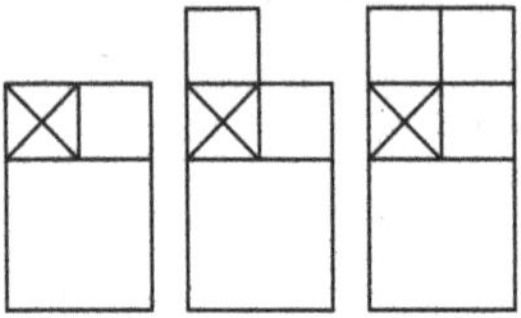

83 Damit sind die Diagonalen gemeint, deren gleiche Länge bereits bei der Erklärung der zu Beginn gezeichneten Figur als Quadrat festgesetzt worden war (82c 2–3).

84 Halbe Quadrate sind Dreiecke.

85 Das ist das soeben durch die neu gezogenen Diagonalen entstandene innere Quadrat:

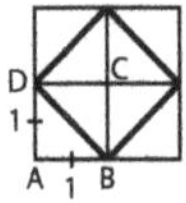

86 Sokrates zeigt auf das Ausgangsquadrat (in der Abbildung in Anm. 85 das Quadrat links unten).

87 Dass hier die Zeichnung der Diagonalen anders ausgedrückt wird als in 82c 2–3, liegt darin begründet, dass es Sokrates hier nur auf eine der jeweils zwei Diagonalen in den vier Quadraten ankommt, denn nur diese braucht er, um dem Sklaven das Prinzip der Quadratverdoppelung vor Augen zu führen (siehe die Abbildung in Anm. 85).

88 Der Begriff »Sophist« (*sophistés*), dem *sophía* (»Weisheit«) zu-

grunde liegt, war nicht ausschließlich negativ konnotiert, sondern konnte, wie an dieser Stelle, einen Fachmann verschiedenster Disziplinen oder auch einfach einen »weisen Mann« bezeichnen.

89 Zum mathematischen Begriff *diámetros*, der sowohl »Diagonale« als auch »Durchmesser« bedeuten kann, siehe Lattmann 2019, S. 144 Anm. 72.

90 Es bestehen nicht nur berechtigte Zweifel, ob der Sklave nach dem heilsamen Eingeständnis seiner Aporie – entgegen der von Sokrates vertretenen These – wirklich von sich aus auf die richtige Lösung gekommen wäre; auch ist nicht zu bemerken, dass sich der Sklave im Verlauf des Geometriekurses jemals an etwas vorher Gewusstes »erinnert« hätte; siehe dazu eingehend Ebert 2018, S. 107–110. Was die Deutung der hier vorgetragenen »Anamnesis-Lehre« betrifft, gibt es in der Fachwelt erhebliche Differenzen. Nach Theodor Ebert geht es Sokrates um eine Parallele zwischen dem Vorgang der Wiedererinnerung, bei dem die Erkenntnis, dass ich etwas vergessen habe, der erste wichtige Schritt ist, damit ich mich an das Vergessene selber wiedererinnern kann, und dem Vorgang der Korrektur einer irrigen Meinung, bei dem die Erkenntnis, dass ich etwas nicht weiß, die Aporie, der erste wichtige Schritt der Erkenntnis der Wahrheit ist (Ebert 1974, 87–88). Mit der Geometriestunde soll Menon vom Nutzen seiner eigenen Aporie überzeugt werden (84b–c). Erst die Aporie habe den Sklaven dazu gebracht, sein vermeintliches Wissen (nämlich, dass die Verdoppelung der Seiten des Quadrats den doppelten Flächeninhalt ergebe) als Irrtum einzusehen und nochmals nach einer Lösung des Problems zu suchen. So wird die Geometriestunde, um mit Ebert zu sprechen (2018, S. 105), »ein Lehrstück über den Nutzen der Aporie«; denn, wie Ebert 2018, S. 108–110 ausführt, es könne von »Erinnerung an etwas schon früher Gewusstes« (S. 108) aufseiten des Sklaven eigentlich nicht gesprochen werden, vielmehr sei »die Rede von einem Wiedererinnern … als metaphorische Redeweise erkennbar, in der eine strukturelle Analogie zwischen dem Prozess der Erinnerung von etwas Vergessenem und dem Prozess der Erkenntnisgewinnung im Ausgang von einem Irrtum ausgenutzt wird« (S. 110), denn sowohl im Falle des Vergessens als auch im Fal-

le eines Nichtwissens aufgrund eines Irrtums über einen Sachverhalt sei die Erkenntnis des eigenen Nichtwissens »eine notwendige Voraussetzung für die Bereitschaft zur Suche« (ebd.); die hier skizzierte plausible Auffassung Eberts, dass der platonische Sokrates die Lehre der Wiedererinnerung nicht ernsthaft vertrete, zu der sich eine Reihe von namhaften Platonforscherinnen und -forschern – freilich in allerlei Variationen und Einschränkungen – bekennen (vgl. Stemmer 1992, S. 233–236; Lee 2000, S. 93–115; Lee 2001, S. 148–152), wird von einem nicht minder prominenten Teil der Fachwelt bekämpft, die diese Lehre »entmythologisiert« und darin nicht nur eine didaktische Argumentationshilfe sieht, sondern sie metaphysisch als quasi wörtlich zu nehmendes erkenntnistheoretisches Konzept interpretiert (so etwa Ackrill 1997, S. 13; Vlastos 1994, S. 103–105); zu der nicht zuletzt aufgrund der nicht ganz homogenen Versionen zur Wiedererinnerungslehre im *Phaidon* und *Phaidros* schier unüberschaubaren und weitverzweigten Debatte siehe Erler 2007, S. 365–366 und Manuwald [2]2017. Lattmann 2019, S. 145–151 würdigt die Bedeutung dieser Ausführungen zur Quadratverdoppelung als früheste authentisch überlieferte mathematische Textpassage der griechischen Tradition und als die erste Bezeugung eines fachmathematischen Diagramms in der schriftlichen Überlieferung überhaupt und wertet sie als mathematische Geschichtsquelle der Antike aus.

91 Vgl. 82e 8–9 und 84a 4–b 1.

92 Wie Platon die Absurdität dieser Folgerung durch die gespielte Unbeholfenheit in der Diktion zum Ausdruck bringt, zeigt im Einzelnen Ebert 2018, S. 113–115.

93 Wie Hallich 2013, S. 99 herausarbeitet, rekurriert die Passage auf 81e–82a.

94 Hier drängt sich die Frage auf, wie sich der Sklave zu einer anderen Zeit diese Meinungen angeeignet haben soll – auch schon durch Wiedererinnerung oder auf andere Weise?

95 Freilich müsste Sokrates sagen: »nicht dieser Mensch war«, denn die Seele des Sklaven könnte schon vorher in einer oder mehreren menschlichen Existenzen inkarniert gewesen sein; siehe auch Ebert 2018, S. 118.

96 Eigentlich: sie wird »eine Gelernt-Habende« sein!

97 Dass die Wahrheit des Seienden immer in unserer Seele ist, lässt nicht auf die Unsterblichkeit der Seele schließen, oder, wie es Ebert treffend formuliert (2018, S. 119): »So wenig wie der Umstand, dass der Mensch seinen Kopf immer auf seinem Rumpf sitzen hat, so lange er nämlich lebt, dem Menschen eine unbegrenzte körperliche Dauer garantiert, so wenig kann auch die immerwährende Anwesenheit der Wahrheit des Seienden in der menschlichen Seele dieser eine immerwährende Existenz gewähren«; siehe zu 85b 7–86d 2 die Ausführungen Eberts (2018, S. 110–120), die eindringlich vor Augen führen, wie es Sokrates gelingt, »seinen Gesprächspartner in einem elenktischen Argumentationsgang aufs Kreuz zu legen«.

98 Platons Berufung auf priesterliche Autoritäten in seiner Einleitung in den Anamnesis-Part war also nicht ernst gemeint, denn in diesem Satz sehen wir eine »Distanzierung von der Verbindlichkeit der Unsterblichkeitsannahme« (Hallich 2013, S. 121); so auch mit Nachdruck Ebert 2018, S. 120; vgl. ferner Albrecht 2011, S. 147–148, mit weiterer Literatur.

99 Κοινῇ ζητεῖν (»[sich] gemeinsam auf die Suche machen«) erinnert an συζητεῖν (»gemeinsam suchen«) in 80d 4.

100 Zu diesem ironischen Vorwurf vgl. auch Prot. 351e 8–11; 353b 4 und Euthyd. 287d 6.

101 Ich folge bei der Übersetzung dieser überaus komplizierten Passage weitgehend Ebert 2018, S. 121; vgl. auch seine mathematisch-geometrischen Erläuterungen, S. 121 f., die von Sternfeld/Zyskind 1976 ausgehen, sowie die Ausführungen Blucks (1961, S. 441–461); zu weiteren Versuchen, das von Platon hier angesprochene – man sollte eher sagen: angedeutete – mathematische Problem zu lösen, siehe Hallich 2013, S. 136–137, nebst Anm. 5 und Lattmann 2019, S. 322–325; die Passage schlüssig zu erklären ist nach Ansicht vieler Fachleute nicht möglich, was mathematikgeschichtlich betrüblich, für das Gesamtverständnis des *Menon* aber auch nicht unbedingt nötig ist.

102 Das heißt: des eben genannten Flächenstückes.

103 Gemeint ist: »Wissen« oder »Erinnern«; vgl. zur Forderung, die

Terminologie nicht zu wichtig zu nehmen, auch Charm. 163c; rep. VII,533d–e; Gorg. 489b 8; Euthyd. 277e; Lach. 197d; Prot. 358d–e. Ebert 2018, S. 179–180 möchte die ganze Passage ἢ ὃ νυνδὴ ... ὀνόματι χρώμεθα (in meiner Übersetzung: »oder wenn sie ... Ausdruck ... gebrauchen«) athetieren, einerseits weil es sich um einen »relativ funktionslosen Einschub« handele, andererseits, weil er mit διαφερέτω (übersetzt mit »soll ... einen Unterschied machen«) und ἀναμνηστόν (übersetzt mit »eine Sache der Erinnerung«) gleich zwei Hapax legomena, das heißt sonst im gesamten Platonicum nicht verwendete Wortformen, enthalte.

104 Das heißt: wenn die Tugend ein Wissen ist.

105 Sokrates führt Menon wieder an der Nase herum, denn im weiteren Gespräch (97a–b) wird klar, dass auch die richtige Meinung ein Gut ist.

106 Zur Ansicht, Gesundheit sei das Beste für den sterblichen Menschen, vgl. Euthyd. 297a; leg. II,661a; ferner Simonides, PMG fr. 604; Ariphron, PMG fr. 813,10.

107 Die Frage, ob Tugend etwas Nützliches sei, wurde schon in 87e 2, 88c 4 und 88d 2 gestellt; durch seine allzu treuherzigen Zugeständnisse hat sich Menon im Verlauf der Argumentation unmerklich in Widersprüche verstrickt; siehe dazu Ebert 2018, S. 129–133.

108 Das ist wohl eine Anspielung auf den Prozess gegen Sokrates, in dem man diesem vorwarf, er verderbe die Jugend (vgl. apol. 23c 8–e 3).

109 Zur Passage erhellend sind die Ausführungen von Sternfeld/Zyskind 1976.

110 »Lehrer für die Tugend« (*aretês didáskalos*) zu sein ist nach Platon der übliche Anspruch der Sophisten; vgl. Prot. 349a 3; Gorg. 519c 5.

111 Zu dieser Stelle gibt es verschiedene Erklärungsansätze: Ismenias war in der Zeit um 400 Anführer der demokratischen Partei in Theben. Manche nehmen an, dass ihm der Kriegsschatz zugefallen ist, welchen im Jahr 479 v. Chr. der persische General Mardonios einem sonst unbekannten Thebaner Polykrates hinterlas-

sen hatte, als er Griechenland räumte; der Schatz wäre dann versteckt und erst zwei Generationen später wieder aufgefunden worden. Andere meinen, mit Polykrates könnte freilich auch der legendäre samische Tyrann (Hdt. 3,39 f.; 122 f.) und mit »Vermögen des Polykrates« schlicht »Reichtum« gemeint sein; und schließlich könnte mit Polykrates ein auch aus anderen Quellen bekannter attischer Politiker demokratischer Richtung angesprochen sein, der nach dem Tod des Sokrates ein Pamphlet gegen diesen geschrieben hat; dieser Polykrates könnte in den letzten Jahren des Peloponnesischen Krieges dem thebanischen Demokraten Ismenias Geld der attischen Demokraten gebracht haben. Theben wurde in diesen Jahren durch Oligarchen regiert und stand auf der Seite der Spartaner; wenn in Theben die Demokraten ans Ruder kamen, musste dies für die Athener sehr nützlich sein; vgl. Bluck 1961, S. 345–347 sowie Canto-Sperber [2]1993, S. 293–294 z. St.

112 Vor dem Hintergrund des in diesem Dialog ausgedrückten Gedankens (so etwa 92e–94e), dass es mit Tugend ausgestatteten Männern nicht gelingt, eben diese auch an die Söhne weiterzugeben, geht es Platon weniger darum, Anthemion die genannten positiven Eigenschaften zuzuschreiben, als sie seinem Sohn ausdrücklich abzusprechen; siehe auch Hallich 2013, S. 159 sowie Ebert 2018, S. 133.

113 Zur Analogisierung von Kunst (*téchne*) und Tugend bei Platon siehe van Ackeren 2003, passim und Hallich 2013, S. 160–165; S. 169–170.

114 Ich tilge mit Bluck 1961 und Ebert 2018 (nach Naber) die Worte ζητοῦντα … τούτων (90e 3–4).

115 Mit *euphémei* (»Still, rede nicht so«) bricht Sokrates des Öfteren einen Wortwechsel abrupt ab: Dieser Befehl zu schweigen entstammt dem religiösen Umfeld, wo er sicherstellen sollte, dass bei heiligen Handlungen keine unpassenden Worte fielen (vgl. auch Aristoph. Ach. 241; nub. 297). In der Alltagssprache meint *euphémei* das Verbot, etwas Ungehöriges auszusprechen im Sinne von »so etwas sagt man nicht«; in den platonischen Dialogen wird es öfter zur Abmilderung einer (vermeintlich oder vorgeb-

lich) schockierenden Äußerung verwendet: Euthyd. 301a 7; 302c 3; Prot. 330d 7; symp. 214d 5; rep. I,329c 2; VI,509a 9; leg. 696c 1; 907a 1; Alk. 2,143d.

116 Nach Ansicht des Sokrates hat Anytos in der Einschätzung der Sophisten durchaus die richtige Meinung, er kann sie nur nicht begründen.

117 Sokrates verstellt sich hier natürlich, denn seine Gegnerschaft zu den Sophisten ist allgemein bekannt.

118 Protagoras von Abdera (um 485 – 415 v. Chr.) war einer der frühesten und berühmtesten Sophisten; nach Platon war er der Erste, der sich als Lehrer der Tugend (*aretês didáskalos*) hat bezahlen lassen (Prot. 328b–c; 349a 3 f.); zu seinem hohen Honorar vgl. Prot. 310e 1 f.; 311d 1–4; ferner Krat. 391b–c; Tht. 167c 7–d 1 (vgl. zum angeblichen Reichtum der Sophisten auch Hipp. mai. 282b–e; anders Isokr. or. 15,155–156); seine Karriere als Lehrer, die ihm viel Geld einbrachte, begann 455 v. Chr. Was er zu lehren angab, war *areté*, »Tugend«, worunter er Erfolg durch zweckmäßige, gute Führung öffentlicher und privater Geschäfte verstand. Im nach ihm benannten Dialog von Platon tritt er als Opponent des Sokrates auf. Protagoras war ein Freund des Perikles und soll des Atheismus angeklagt und deswegen aus Athen verbannt worden sein. Seine bekanntesten Werke, die allerdings nicht erhalten sind, waren *Über die Wahrheit* und *Über die Götter*.

119 Phidias (um 500 – um 430 v. Chr.) war einer der bedeutendsten Bildhauer der Antike. Zu seinen Werken zählten das Kultbild des Zeus in Olympia und das der Athena Parthenos in Athen.

120 Das vom Lateinischen abgeleitete Lehnwort »transferieren« würde den leicht abschätzigen Ton des griechischen *paradûnai* am ehesten treffen: Bei den Sophisten kommt es zu einer »Transferierung« oberflächlicher Fertigkeiten wie rhetorischer Kniffe, Kenntnisse in politischen Verfahrensfragen oder in praktischen Verhaltensnormen, so als ob Wissen »an einem Faden von einem vollen in ein leeres Gefäß liefe« (symp. 175d).

121 Themistokles (um 524 – 459 v. Chr.), der Sohn des Neokles, war ein bedeutender athenischer Staatsmann und Feldherr während

der Perserkriege. Er begann mit dem Ausbau des Piräus und betrieb die Erweiterung der athenischen Flotte von 70 auf 200 Trieren. Daher war der Sieg der Griechen über die Perser in der Seeschlacht von Salamis (480 v. Chr.) sein Verdienst.

122 Gemeint ist: im Reiten und in anderen Kunststücken.

123 Aristeides (um 550 – um 467 v. Chr.) mit dem Beinamen »der Gerechte« war berühmt für seine Rechtschaffenheit, Mäßigung und patriotische Gesinnung. Er war einer der Befehlshaber in der Schlacht von Marathon (490 v. Chr.). Als Themistokles an die Macht kam, stellte er sich gegen ihn und wurde deshalb 482 v. Chr. verbannt.

124 Perikles, 495–429 v. Chr., war der bedeutendste athenische Staatsmann in der Mitte und in der zweiten Hälfte des 5. Jh.s v. Chr. Er ließ die Athener Akropolis prächtig ausbauen und machte die Stadt zu einem intellektuellen Zentrum der griechischen Welt, lud bedeutende Philosophen wie etwa Anaxagoras und Protagoras ein und verkehrte mit den größten Künstlern und Denkern seiner Zeit, wie Phidias, Sophokles und Herodot.

125 Zum ironischen Gebrauch von *megaloprepés* bei Platon vgl. Prot. 338a 3 f. und Euthyd. 303c 7.

126 Xanthippos und Paralos werden auch in Prot. 319e 3–320a 3 als Beispiele dafür genannt, dass es hervorragenden Politikern nie gelungen sei, ihre spezifische Tüchtigkeit an ihre Söhne weiterzugeben.

127 Thukydides, der Sohn des Melesias, war ein athenischer Politiker; er stand seit der Mitte der Fünfzigerjahre des 5. Jh.s v. Chr. in den Reihen der Oligarchen und war ein Gegner des Perikles und seiner Baupolitik (Plut. Per. 6,2–3; 8,5; 11; 14; Fab. Max. 30,2).

128 Lysimachos, der Sohn des Aristeides, und Melesias, der Sohn des Thukydides, treten auch im platonischen *Laches* auf und klagen dort ihre Väter an, dass diese sich zu wenig um ihre Erziehung gekümmert hätten (Lach. 179c), was dann von Laches ausdrücklich bestätigt wird (Lach. 180b).

129 Zur näheren Analyse des eristischen Vorgehens in Abgrenzung vom sokratischen Prüfgespräch vgl. Stemmer 1992, S. 100–107; 122–127; Benson 2000, S. 86–90.

130 Zu *epangéllesthai* als »terminus technicus für den professionellen Anspruch des Sophisten, bestimmte Dinge anderen zu vermitteln« siehe B. Manuwald, *Platon, Protagoras. Übersetzung und Kommentar*, Göttingen 1999, S. 156 (zu Prot. 319a 6 f.); vgl. auch Gorg. 447c 2; 449b 1–3.

131 Menon weicht der Frage des Sokrates aus und spricht, statt seine eigene Meinung zu sagen, wieder, wie in 71c 5, von Gorgias.

132 Unter dem Namen des Theognis ist eine Sammlung von Gedichten aus dem 6./5. Jh. v. Chr. überliefert; wie viele Gedichte wirklich von Theognis selbst, einem Elegiendichter des 6. Jh.s v. Chr., stammen, ist umstritten. Theognis' Verse waren typisch für die bei Symposien vorgetragenen Gedichte, die den aristokratischen Wert guter Manieren besangen und den Erfolg der Neureichen beklagten.

133 Die Aufforderung richtet sich an einen Knaben der adligen Oberschicht.

134 Zu diesen im Altertum berühmten Versen vgl. Xen. mem. 1,2,20; Xen. symp. 2,4; Aristot. eth. Nic. 1170a 11–13; 1172a 12–14.

135 Ein Widerspruch in der Frage der Lehrbarkeit der Tugend ist in den zwei Theognis-Zitaten nicht gleich ersichtlich; »nur wenn man die Dichterworte nicht auf die Goldwaage legen will«, so Ebert 2018, S. 143, widerspricht sich Theognis hier in der Frage der Lehrbarkeit der Tugend.

136 Vgl. 89d–e.

137 Sokrates kommt zur Besprechung der richtigen Meinung, auf die er schon mehrfach angespielt hat (85c 7; 86a 7; 87d 5; 88e 1).

138 Vgl. 87e.

139 Vgl. 88e.

140 Vgl. 88c 2 und 96e 1–5.

141 Ebert 2018, S. 39 Anm. 11 liest in 97a 8 mit Gedike ⟨οὐκ⟩ ὀρθῶς statt des ὀρθῶς der Handschriften B, T und W und übersetzt: »Wie meinst du das: zu Unrecht?« Dadurch wird der Sinn der Passage noch klarer.

142 Wenn die Meinungen wahr sind, geht der das Richtige Meinende nicht fehl, er muss aber an der richtigen Meinung festhalten; doch gerade hierin liegt die große Unsicherheit, denn anders als

der Wissende lässt sich der bloß Meinende von der Wahrheit leicht abbringen; vgl. Tht. 220e; Tim. 51e; zu Platons komplexem *epistéme*-Begriff siehe Szaif ²2017.

143 Vgl. 88c 2 und d 6.

144 Zum Mehrwert von Wissen gegenüber der richtigen Meinung siehe ausführlich Hallich 2013, S. 181–184.

145 Die Standbilder des Dädalus konnten offenbar in Bewegung gesetzt werden; das Dädalusmotiv veranschaulicht das sokratische Verständnis von Erkenntnis und Wissen und den Unterschied von wahrer Meinung und Wissen: Diese Standbilder entlaufen und entwischen einem, wenn sie nicht festgemacht sind; wenn sie aber gebunden werden, dann bleiben sie (97d 9–10); genauso kann die richtige Meinung, ungebunden, davonlaufen. Dauerhaft befestigt – und zu Wissen verfestigt – wird sie durch »begründende Überlegung« (*aitías logismô*, 98a 3–4); vgl. auch Ion 533a–b; Hipp. mai. 281d–282a; siehe M. Forschner, *Platon, Euthyphron. Übersetzung und Kommentar*, Göttingen 2013, S. 138–144 (zu Euthyphr. 11b 6–e 4).

146 Zur Übersetzung der Junktur αἰτίας λογισμῷ, durch die, wie Ebert 2018, S. 149 treffend bemerkt, ein »erfolgreich zum Abschluss gekommener Prozess ausgedrückt werden soll«, siehe auch Hallich 2013, S. 178–180 und aus der Warte der modernen Erkenntnistheorie Grundmann ²2018, S. 66–73; 147–153.

147 Ebert 2018, S. 180–181 hält diesen Satz (τοῦτο … ὡμολόγηται) für eine nachträgliche Einfügung, da er den Gedankengang der beiden Sätze, zwischen denen er steht, erheblich unterbreche.

148 Hier wird die durch Menon in 97c 5 unterbrochene Debatte fortgesetzt; siehe Ebert 2018, S. 150.

149 87e.

150 οὔτ' ἐπίκτητα (»[beides] nicht erworben«) wird von Bluck athetiert; siehe Bluck 1961, S. 416–417, wo auch gegen die Konjektur von Apelt 1922, S. 87–88 Anm. 50 z. St., der statt οὔτ' ὄντ' liest und übersetzt: »denn sie sind beide erworben«, gewichtige Einwände vorgebracht werden.

151 Nämlich Wissen und richtige Meinung.

152 Eine »logisch dubiose Folgerung«, wie Ebert 2018, S. 151–152 näher ausführt.

153 Gemeint ist offenbar das Gutsein, also die Tugend.

154 Die Tugend.

155 Dieser Behauptung wurde schon in 89c 1–2 und 96c 3–5 zugestimmt.

156 Sokrates führt Menon wieder aufs Glatteis: In 96c 10 war gesagt worden, die Tugend sei nicht lehrbar; der Satz war falsch. Daraus wird hier weiter – wiederum falsch – gefolgert, die Tugend sei keine Einsicht.

157 Vgl. 73b 5–c 5 und 87d 3–e 1.

158 Vgl. 88b–e.

159 Bei der Deutung des Begriffs *eudoxía* folgen wir Bluck 1961, S. 424 z. St.; vgl. aber auch Canto-Sperber [2]1993, S. 314 sowie Ebert 2018, S. 158.

160 Das entspricht freilich nicht der Ansicht Platons; siehe dazu Ebert 2018, S. 157–158.

161 Zur Forschungsdebatte, ob, wie und inwiefern die Divinisierung der athenischen Politiker ironisch gemeint ist, siehe Hallich 2013, S. 184–188.

162 Merkelbach überträgt die spartanische Dialektform (*seîos* statt *theîos*) mit dem norddeutschen Ausdruck »jöttlich«; vgl. zu diesem Zitat auch Aristot. eth. Nic. 1145a 28–29.

163 Anders als viele Kommentatoren und Interpreten (so etwa Szlezák 1985, S. 189; Merkelbach 1988, S. 134; Sedley/Long 2010, S. XXII; Hallich 2013, S. 187) hat Ebert (2018, S. 160–161) hier keine Anspielung auf Sokrates gesehen. Der Gelehrte geht nämlich davon aus, dass der *Menon* sich an ein Publikum in Unteritalien und Sizilien wende (siehe im Nachwort S. 155 Anm. 3), und meint daher, mit »Staatsmännern, denen Tugend durch göttliche Fügung zufällt« seien Dionysios I. und Dion gemeint; siehe auch Bluck 1961, S. 434–436.

164 Teiresias, Sohn des Hirten Eueres, eines Nachkommen des Udaios, eines der Sparten (der aus den von Kadmos in Ackerfurchen gesäten Drachenzähnen entstandenen Stammväter der Thebaner), und der Nymphe Chariklo, ist der berühmteste Se-

her der griechischen Mythologie und gilt sehr oft als der Seher schlechthin. Bekannt ist er als Künder der Wahrheit in den Tragödien *König Ödipus* und *Antigone* des Sophokles sowie in den *Bakchen* und den *Phönikerinnen* des Euripides. Über den Grund des Verlusts seines Augenlichts und seiner über fast sieben Heldengenerationen hinweg ausgeübten Sehergabe sowie über die Art und Weise seines Todes gibt es die verschiedensten Erklärungsversuche, s. Tripp ^{8}2012, S. 496 f. Der Tod übrigens kann Teiresias als Seher keineswegs bremsen: In der Unterwelt weissagt er, wie Homer bezeugt (Od. 10,488–495 und 11,90–151), munter weiter.

165 Vgl. Hom. Od. 10,494 f.

166 Zu dieser formelhaften Wendung vgl. apol. 42a 2; Prot. 361e 6 und 362a 2; Euthyphr. 14e 7–8.

Literaturhinweise

Textausgaben, Übersetzungen, Kommentare

Gedike, U. (Übers.): Vier Dialoge des Platon: Menon, Kriton und beide Alkibiades. Berlin 1781. (Neudr. 1822, hrsg. von F. Ullrich.)

Apelt, O. (Übers. und komm.): Platon. Menon oder Über die Tugend. Leipzig ²1922.

Bluck, R. S. (Hrgs., eingel. und komm.): Plato's Meno. Cambridge 1961. [Nachdr. 1964.]

Reich, K. (Hrsg. und bearb.): Platon. Menon. Auf der Grundlage der Übers. von O. Apelt in Verbindung mit E. Zekl neu bearb. Hamburg 1972.

Merkelbach, R. (Hrsg., übers. und komm.): Platons Menon. Frankfurt a. M. 1988.

Canto-Sperber, M. (Übers., eingel. und komm.): Platon. Ménon. Traduction inédite, introduction et notes. Paris ²1993.

Scott, D.: Plato's Meno. Cambridge 2006.

Sedley D. N. / Long, A.: Plato. Meno and Phaedo. Cambridge 2010.

Hallich, O.: Platons Menon. Darmstadt 2013.

Ebert, Th. (Übers. und komm.): Platon. Menon. Berlin [u. a.] 2018.

Sonstige zitierte Literatur

Ackeren, M. van: Das Wissen vom Guten. Bedeutung und Kontinuität des Tugendwissens in den Dialogen Platons. Amsterdam/Philadelphia 2003.

– *technē*-Analogie. in: Horn/Müller/Söder ²2017. S. 342–347.

Ackrill, J. L.: Essays on Plato and Aristotle. Oxford 1997.

Albrecht, A.: Zur textuellen Repräsentation von Wissen am Beispiel von Platons *Menon*. In: Literatur und Wissen. Theoretisch-methodische Zugänge. Hrsg. von T. Köppe. Berlin [u. a.] 2011. S. 140–163.

Benson, H. H.: Socratic Wisdom. The Model of Knowledge in Plato's Early Dialogues. Oxford 2000.

Blundell, M. Wh.: Helping Friends and Harming Enemies. A Study in Sophocles and Greek Ethics. Cambridge 1989.
Day, J. M. (Hrsg.): Plato's *Meno* in Focus. London 1994.
Döring, K.: Zur Biographie Platons. In: Horn/Müller/Söder ²2017. S. 1–17.
Ebert, Th.: Meinung und Wissen in der Philosophie Platons. Berlin 1974.
Erler, M.: Der Sinn der Aporien in den Dialogen Platons. Übungsstücke zur Anleitung im philosophischen Denken. Berlin [u. a.] 1987.
– Platon. In: Grundriss der Geschichte der Philosophie. Die Philosophie der Antike 2.2. Hrsg. von M. Erler und H. Flashar. Basel 2007.
Gaiser, K.: Plato's Enigmatic Lecture ›On the Good‹. In: Phronesis 25 (1980) S. 5–37.
– Platons *Menon* und die Akademie. In: Konrad Gaiser. Gesammelte Schriften. Hrsg. von Th. A. Szlezák. Sankt Augustin 2004. S. 353–399. [Erstmals gedruckt in: Archiv für Geschichte der Philosophie 46 (1964) S. 241–292.]
Grundmann, Th.: Analytische Einführung in die Erkenntnistheorie. Berlin/Boston ²2018.
Guthrie, W. K. C.: A History of Greek Philosophy. Bd. 4. Cambridge 1975.
Horn, Chr.: Tugend. In: Horn/Müller/Söder ²2017. S. 351–355.
Horn, C. / Müller, J. / Söder, J. (Hrsg.): Platon-Handbuch. Leben – Werk – Wirkung. Stuttgart/Weimar ²2017.
Ionescu, C.: Plato's *Meno*. Lanham 2007.
Irwin, T.: Plato's Moral Theory. The Early and Middle Dialogues. Oxford 1977.
Jürgasch, Th.: Theoria versus Praxis? Berlin 2013.
Kahn, C. H.: On the Philosophical Autonomy of a Platonic Dialogue. The Case of Recollection. In: Plato as Author. The Rhetoric of Philosophy. Hrsg. von A. N. Michelini. Leiden 2003. S. 299–312.
Lattmann, C.: Mathematische Modellierung bei Platon zwischen Thales und Euklid. Berlin/Boston 2019. [Science, Technology, and Medicine in Ancient Cultures, Bd. 9.]
Lee, S.-I.: Platons Anamnesis in den frühen und mittleren Dialogen.

Zur Metapher des ›vorgeburtlichen Lernens oder Erkennens‹. In: Antike und Abendland 46 (2000) S. 93–115.
Lee, S.-I.: Anamnesis im *Menon*. Platons Überlegungen zu Möglichkeit und Methode eines den Ideen gemäßen Wissenserwerbes. Bern / Frankfurt a. M. 2001.
Manuwald, B.: Wiedererinnerung/Anamnesis. In: Horn [2]2017. S. 360–362.
Müller, J.: Seelenwanderung: In: Horn/Müller/Söder [2]2017. S. 331–333.
Nehamas, A.: Meno's Paradox and Socrates as a Teacher. In: Oxford Studies in Ancient Philosophy. Bd. 3. Oxford 1985. S. 1–30. [Neudr. in Day 1994, S. 221–248.]
Netz, R.: The Shaping of Deduction in Greek Mathematics. A Study in Cognitive History. Cambridge 1999.
Politis, V.: Is Socrates Paralyzed by his State of Aporia? *Meno* 79e 7 – 80d 4. In: Gorgias – Menon. Selected Papers from the Seventh Symposium Platonicum. Hrsg. von M. Erler und L. Brisson. Sankt Augustin 2007. S. 268–272. [International Plato Studies, Bd. 25.]
Saffrey, H. D. / Westerink, L. G.: Théologie platonicienne. Paris 1968.
Scott, D.: Recollection and Experience. Plato's Theory of Learning and its Successors. Cambridge 1995.
Seiler, H.: Die pythagoreisch-naturwissenschaftlichen Grundlagen der Hochzeitszahl aus Platons *Staat*. Hildesheim / Zürich / New York 2016.
Söder, J.: Zu Platons Werken. In: Horn/Müller/Söder [2]2017. S. 19–61.
Stein-Hölkeskamp, E.: Aleuadai. In: Der Neue Pauly 1 (1996) Sp. 453.
Stemmer, P.: Platons Dialektik. Die frühen und mittleren Dialoge. Berlin / New York 1992.
Sternfeld, R. / Zyskind, H.: Plato's *Meno* 89c. ›Virtue is knowledge‹. A hypothesis?. In: Phronesis 21 (1976) S. 130–134.
– Plato's *Meno* 86e–87a: The geometrical illustration of the argument by hypothesis, in: Phronesis 22 (1977) S. 206–211.
Strobach, N.: Aporie. In: Horn/Müller/Söder [2]2017. S. 260–263.
Strobel, B.: »Dieses« und »So etwas«. Zur ontologischen Klassifikation platonischer Formen. Göttingen 2007.
Szaif, J.: Epistemologie. In: Horn/Müller/Söder [2]2017. S. 117–135.

Szlezák, Th. A.: Platon und die Schriftlichkeit der Philosophie. Interpretationen zu den frühen und mittleren Dialogen. Berlin / New York 1985.

– ἅτε γὰρ τῆς φύσεως ἁπάσης συγγενοῦς οὔσης (Μεν. 81ξ9–δ11). Die Implikationen der ›Verwandtschaft‹ der gesamten Natur. In: Gorgias – Menon. Selected Papers from the Seventh Symposium Platonicum. Hrsg. von M. Erler und L. Brisson. Sankt Augustin 2007. S. 333–344.

Tripp, E.: Reclams Lexikon der antiken Mythologie. Stuttgart [8]2012.

Vlastos, G.: Anamnesis in the *Meno*. In: Day 1994. S. 88–111. [Erstmals gedr. in: Dialogue 4 (1965) S. 143–167. Neudr. auch in: Vlastos, G.: Studies in Greek Philosophy II. Socrates, Plato, and their Tradition. Princeton 1995. S. 147–165.]

Weiss, R.: Virtue in the Cave. Moral Inquiry in Plato's *Meno*. Oxford 2001.

Westermann, H.: Schönes/Schönheit. In: Horn [2]2017. S. 328–331.

Williams, Th.: Two Aspects of Platonic Recollection. In: Apeiron 35 (2002) S. 131–151.

Nachwort

Platons Leben und Werk

Platon lebte in einer Epoche großer politischer Umbrüche. Er wurde nach dem Beginn des lange dauernden und für Athen fatalen Peloponnesischen Krieges (431–404 v. Chr.) geboren, kurz nach dem Tod des großen athenischen Politikers und Bauherrn Perikles (429) – nämlich 428 oder 427 v. Chr. – und starb in den frühen Lebensjahren Alexanders des Großen, 349 oder 348 v. Chr. Er stammte aus höchstem athenischen Adel; die Ahnenreihe seines Vaters Ariston wurde auf den mythischen König Kodros zurückgeführt, über seine Mutter Periktione bestanden Blutsbande zum berühmten politischen Reformer und Dichter Solon, einem der Sieben Weisen. Auch mit den mächtigen Politikern Kritias und Charidemos war der wohlhabende Platon, der zunächst selbst mit einer politischen Laufbahn liebäugelte, verwandt. Seit 407 hatte er vertrauten Umgang mit Sokrates; das Todesurteil, das ein Gerichtshof von fünfzig Laienrichtern nach einem von Anytos, einem Gesprächsteilnehmer im *Menon*, sowie von Meletos und Lykon angestrengten Asebieprozess über seinen berühmten Lehrer verhängt hatte, hat Platon gegen die athenische Demokratie aufgebracht. Gleich nach Sokrates' Tod (399) begab er sich zu Eukleides nach Megara, danach trat er nach einigen Quellen eine Reise nach Ägypten und Kyrene an. Sicher bezeugt sind drei Reisen nach Sizilien: Die erste erfolgte 388/387. Dabei kam es vermutlich zu engem Kontakt mit unteritalischen Pythagoreern

und Archytos von Tarent. Am Hof Dionysios' I. in Syrakus lernte Platon dessen Schwager und Schwiegersohn Dion kennen, der von seinen philosophischen Ideen begeistert war und ihm bis zu seinem gewaltsamen Tod im Jahr 354 freundschaftlich verbunden blieb. Im Jahr 367 bestieg Dionysios II. den Tyrannenthron und Platon reiste wiederum nach Syrakus, diesmal wohl auf Aufforderung Dions, der wollte, dass der Philosoph aus Athen den etwa dreißigjährigen Dionysios II., seinen Neffen, zum Philosophenkönig heranbildete. Dieser Besuch war ein Fiasko, ebenso wie die dritte Sizilienreise, die Platon 361 auf Bitten des Dionysios II. unternommen hatte: Der Philosoph scheiterte an den politischen Intrigen in Syrakus. Einige der platonischen Briefe bemühen sich darum, dieses Scheitern zu erklären.

Schon nach der Rückkehr von der ersten Sizilienreise hatte Platon im Nordosten Athens ein Grundstück gekauft, das dem Heros Akademos geweiht war. Deshalb erhielt die Philosophengemeinschaft, die Platon dort zur Pflege der Philosophie und anderer Wissenschaftszweige wie der Mathematik, der Astronomie, der Botanik und Zoologie, der Logik, Rhetorik, Politik und Ethik gründete, den Namen »Akademie«. Über den inneren Aufbau dieser Philosophenschule und den Ablauf des Lehrbetriebs gibt es keine zuverlässigen Quellen. Es ist aber wohl anzunehmen, dass Platon die Systematik seines Lehrgebäudes, das weit über seine schriftliche Hinterlassenschaft hinausging, eben dort in direkter Aussage mündlich mitgeteilt und mit anderen »Akademikern« besprochen hat. Die platonische Akademie hatte unter wechselnder philosophischer Ausrichtung und Schwerpunktsetzung ohne Unterbrechung bis zum Jahr

529 n. Chr. Bestand, als der christliche Kaiser Justinian Athens Philosophenschulen schließen ließ.

In den letzten Jahren seines Lebens hielt Platon die vielzitierte Vorlesung »Über das Gute«, und zwar nach Aristoxenos öffentlich vor einem laienhaften Publikum.[1]

Mit seinen Werken hat Platon in der Metaphysik und Erkenntnistheorie, in der Ethik, Anthropologie, Staatstheorie, Kosmologie, Kunsttheorie und Sprachphilosophie bis heute Maßstäbe gesetzt. Etwa 25 philosophische Dialoge werden ihm zugeschrieben – bei einigen davon ist allerdings die Echtheit umstritten[2] – sowie die *Apologie*, die kein Dialog, sondern die Wiedergabe der Verteidigungsrede des Sokrates in seinem Prozess ist.

Die Dialoge entstanden über einen Zeitraum von fünfzig Jahren, doch die chronologische Reihenfolge ist nicht bekannt. Stilistische Merkmale und die kritische Betrachtung der unterschiedlichen thematischen Gewichtung platonischer Lehren sowie der Zeichnung der Person des Sokrates im überlieferten Werk erlauben eine grobe Einteilung in drei Perioden. Das Frühwerk, von dem ungewiss ist, wie bald es nach Sokrates' Tod einsetzte, umfasst demnach die *Apologie* sowie die Dialoge *Charmides*, *Kriton*, *Euthyphron*, *Gorgias*, *Hippias minor*, *Ion*, *Laches*, *Protagoras*, das erste Buch der *Politeia*, *Euthydemos*, *Hippias maior*, *Lysis*, *Menexenos* und *Menon*; in die mittlere Schaffens-

1 Die Quellen dazu hat Gaiser 1980 gesammelt; zur Biographie Platons siehe Erler 2007, S. 15–26 und Döring [2]2017.

2 Die Handschriften schreiben Platon sogar 43 Werke zu; unter seinem Namen sind auch einige Epigramme überliefert – davon sind aber die meisten mit Sicherheit nicht echt; zum Stand der Forschung in Echtheits- und Datierungsfragen siehe Söder [2]2017.

periode gehören *Kratylos*, *Phaidon*, *Symposion*, die Bücher zwei bis zehn der *Politeia*, *Phaidros*, *Parmenides* und *Theaitetos*; die dritte Gruppe, das Spätwerk Platons, umfasst *Timaios*, *Kritias* (nur fragmentarisch erhalten), *Sophistes*, *Politikos*, *Philebos*, *Sophistes* und die *Nomoi*. Letztere sind Platons längstes und letztes Werk, publiziert erst nach seinem Tod; und sie sind der einzige Dialog, an dem Sokrates nicht teilnimmt. Unter Platons Namen sind auch dreizehn Briefe überliefert. Sie sind an Briefpartner in Sizilien gerichtet und bemühen sich vor allem um die Rechtfertigung Platons im Umgang mit Dion und Dionysios II. Vermutlich stammt keiner dieser Briefe tatsächlich von Platon, aber allgemein gilt der siebente Brief, der an die Freunde Dions nach dessen Ermordung gerichtet ist, als ein verlässliches Dokument der Ereignisse in Platons Leben (selbst wenn er nicht von seiner Hand sein sollte). Er verteidigt Platons politische Ideale und beklagt leidenschaftlich den Tod von dessen Freund Dion.

Entstehungszeit des *Menon*

Stilistische und inhaltliche Kriterien machen es wahrscheinlich, dass der *Menon* um 386/385 v. Chr. zu datieren ist. Mit anderen Frühwerken teilt dieser Dialog das Bemühen um die Klärung ethischer Begriffe und die Bedeutung der Aporie für den Wissenserwerb, ferner den elenktischen Charakter der Gesprächsführung durch Sokrates sowie überhaupt dessen sich in allen Disputen abzeichnende argumentative Überlegenheit; besonders eng verwandt ist der *Menon* mit dem *Protagoras*, dem *Gorgias* und dem *Euthy-*

demos;[3] andererseits weisen sowohl die im *Menon* angedeutete Überwindung des Nichtwissens als auch die Wiedererinnerungslehre auf Platons spätere Werke voraus; daneben werden das Problem einer richtigen Erziehung der Jugend und die Frage nach der Beurteilung des politischen Zustands Athens zur Zeit des Dialoggeschehens thematisiert.

Gesprächsteilnehmer sowie Zeit und Ort des Dialogs

Anders als in vielen anderen Dialogen gibt Platon dem Leser oder Zuhörer über Zeitpunkt, Anlass und Ort des Zusammentreffens der Gesprächsteilnehmer eingangs keine Auskunft; dadurch vermittelt der *Menon* als dramatischer Dialog[4] ein hohes Maß an Unmittelbarkeit. Erst im Verlauf der Debatte erfährt man, dass Menon, der bis auf die Passage 90a–95a, in der Anytos ins Gespräch gezogen wird, alleinige Gesprächspartner des Sokrates,[5] mit diesem schon

3 Darauf gehen z. T. auch die Anmerkungen ein; zur Datierungsfrage siehe Bluck 1961, S. 108 f. und Erler 2007, S. 165 f. mit reichen Literaturangaben; Theodor Ebert meint, der Dialog stehe in engem Zusammenhang zur ersten Sizilienreise (um 388/387) und sei aufgrund mannigfaltiger sizilisch-großgriechischer Bezüge für ein dortiges Publikum verfasst worden; vgl. dazu eingehend Ebert 2018, S. 47–49, 69, 83 f., 98 f., 142 f. nebst Anm. 65, 144, 156, 160–164. Zur späteren Rezeption des *Menon* siehe die Beiträge zur Wirkungsgeschichte der platonischen Philosophie von Speusipp bis in die Gegenwart in Horn/Müller/Söder [2]2017, S. 399–544.

4 Zum Begriff des dramatischen Dialogs siehe J. Dalfen, *Platon, Gorgias. Übersetzung und Kommentar*, Göttingen 2004, S. 122–124.

5 Denn die Geometriestunde mit dem Sklaven Menons (82b–85b) ist ein Teil der Unterredung mit Menon.

am Tag zuvor zusammengetroffen ist (79e) und in Begleitung zahlreicher Diener (82b–c) die Gastfreundschaft des Anytos genießt (90b). Vermutlich versuchte Menon in Athen als Gesandter militärische Unterstützung gegen Lykophron, den Herrscher über die thessalische Stadt Pherai, zu gewinnen; denn im September 404 v. Chr. hatten die Pheraier die über Thessalien herrschenden Aleuaden, die Adelsdynastie, der Menon angehörte, in einer Schlacht besiegt.[6]

Terminus ante quem ist jedenfalls das Jahr 401, denn danach nahm Menon, der in 76c als junger Mann bezeichnet wird, als Mitglied eines griechischen Söldnerheeres am Kriegszug des jüngeren Kyros, des Sohnes des Dareios, gegen den persischen Großkönig Artaxerxes II. teil. Dieser verlor zwar die bei Kunaxa in der Nähe Babylons am Euphrat geschlagene Entscheidungsschlacht (401 v. Chr.), blieb aber auf dem Königsthron, da sein älterer Bruder Kyros diese Schlacht nicht überlebte. Das übrige griechische Offizierskorps wurde von den Persern gefangen genommen und sofort getötet, Menon jedoch wurde zunächst auf Befehl des Artaxerxes gefoltert und starb erst nach einem Jahr »wie ein Verbrecher« (Xen. anab. 2,5,29).

Unter der Führung des Atheners Xenophon musste das Heer der Griechen, die dieses Unternehmen überlebt hatten, den gefährlichen Rückmarsch durch das ganze Perserreich antreten und erreichte die mit griechischen Städten besetzte südliche Schwarzmeerküste. Diese wundersame Rettung der griechischen Söldner ging durch Xenophons Geschichtswerk *Anabasis* als »Zug der Zehntausend« in die

6 Siehe Bluck 1961, S. 120–122; Canto-Sperber ²1993, S. 19.

Geschichte ein. Daher kann man davon ausgehen, dass neben Sokrates auch der von Xenophon als machtgieriger und egoistischer Schurke ohne jeden Skrupel charakterisierte Menon (vgl. anab. 2,6,21–29) zur Zeit der Abfassung des platonischen Dialogs, der seinen Namen trägt, allgemein bekannt war.

Der zweite Gesprächspartner des Sokrates, Anytos, der Sohn des Anthemion, war ein wohlhabender athenischer Politiker. Im Jahr 403 v. Chr. stürzte er zusammen mit Thrasyboulos die Herrschaft der Dreißig Tyrannen und führte damit in seiner Vaterstadt die Demokratie wieder ein. Auch dieser Mann sollte es einige Zeit nach dem fiktiven Datum des Zusammentreffens mit Sokrates zu zwielichtiger Bekanntheit bringen: Anytos war im Jahr 399 v. Chr. einer der drei Ankläger des Sokrates (apol. 18b; 29c; 30b; 31a). Um 396/395 wurde er aus Athen verbannt und soll in Herakleia am Pontos wegen seiner Beteiligung am Sokrates-Prozess gesteinigt worden sein (Diog. Laert. 2,43; Them. or. 20,239c).

Das Gespräch könnte also nach der Restituierung der Demokratie in Athen im Zeitraum zwischen September 403 und Frühjahr 402 stattgefunden haben, etwa ein Jahr bevor sich Menon dem Feldzug des Kyros anschloss, der am Anfang des Jahres 401 begann, also ungefähr drei Jahre vor dem Prozess gegen Sokrates und seiner Verurteilung zum Tod durch den Schierlingsbecher. Als Schauplatz des Dialogs hält die Fachwelt das Haus des Anytos oder ein Gymnasium in Athen für denkbar.[7]

7 Vgl. Bluck 1961, S. 122; Canto-Sperber [2]1993, S. 37; Ebert 2018, S. 45–48.

Der Inhalt des *Menon*

70a–71d: Den Dialog eröffnet unvermittelt Menon mit der Frage, ob die Tugend durch Belehrung, durch Einübung oder sonstwie vermittelt werde oder ob sie von Natur gegeben sei. Sokrates erwidert, mit dem Sophisten Gorgias habe die Weisheit Athen verlassen und sei nach Larisa in Thessalien weitergewandert, weshalb nun in Athen eine geistige Dürre Einzug gehalten habe und auch er selbst die Frage nicht beantworten könne. Er fordert aber seinen Gesprächspartner auf, als Gorgias-Schüler zunächst einmal zu klären, was die Tugend ist, er selbst könne sich nämlich nicht daran erinnern, ob er von Gorgias gelernt hat, was denn darunter zu verstehen ist. Bevor man sich aber nicht über das Was (τί ἐστιν / *tí estin*) im Klaren sei, könne man auch das Wie (ὁποῖόν ἐστιν / *hopoîón estin*) nicht wissen.

71d–74b: Daraufhin versucht Menon mit beachtlichem Selbstbewusstsein, die Tugend durch die Nennung eines ganzen »Schwarms« (72a) von Einzeltugenden zu bestimmen. So bestehe die Tugend des Mannes darin, sich politisch zu betätigen und dabei seinen Freunden Gutes zu tun und Feinden zu schaden, diejenige der Frau hingegen in der guten Verwaltung des Haushaltes und im braven Gehorsam ihrem Mann gegenüber. Es gebe, so Menon, viele verschiedene Tugenden je nach Alter, Geschlecht und sozialem Status eines Menschen. Sokrates kritisiert, dass es Menon damit nicht gelinge, eine einheitliche Gestalt (εἶδος/*eîdos*) der Tugend zu ermitteln; vielmehr falle diese nach Menons Definition in verschiedene Teile auseinander. Aber ebenso, wie etwa das Gesundsein bei Mann und Frau dasselbe sei, sei es auch die Tugend. Neben der Gesundheit

führt Sokrates als weitere Beispiele Größe und Stärke an; Menon ist skeptisch, ob dies auf die Tugend zu übertragen sei; Sokrates kann aber mit dem Hinweis, dass alle tugendhaften Menschen auf ein und dieselbe Weise tugendhaft sind, wenn sie dieselbe Tugend besitzen (73c), Menon zu einem zweiten Definitionsversuch bewegen: Tugend ist die Fähigkeit, über Menschen zu herrschen (73c–d). Dagegen wendet Sokrates ein, dass diese Definition nicht für alle vorher genannten Tugenden passe und etwa auf Kinder und Sklaven nicht anwendbar sei; zudem müsse das von Menon für die Tugend vorgebrachte Kriterium des Herrschens mit Gerechtigkeit verbunden sein; Gerechtigkeit aber sei selbst eine Tugend unter anderen, so dass in Menons Bestimmung das Ganze der Tugend durch *eine* Tugend definiert würde; daher sei es wiederum nicht gelungen, von der Vielheit der Tugenden zu etwas Einheitlichem zu kommen.

74b–77a: Um doch noch zu einer befriedigenden Bestimmung der Tugend zu gelangen, führt Sokrates Menon zur Übung (μελέτη/*meléte*, 75a) zwei Beispiele vor Augen, und zwar die Begriffsbestimmung der Ausdrücke »Figur« (σχῆμα/*schéma*) und »Farbe« (χρῶμα/*chrôma*, 75b–76a): Zunächst bestimmt er »Figur« als »das, was als Einziges von den Dingen immer mit Farbe einhergeht«. Menon wendet ein, dass diese Definition Unbekanntes (Figur) durch Unbekanntes (Farbe) erkläre, worauf Sokrates in einer zweiten Bestimmung »Figur« als »die Grenze eines Körpers« definiert. Da Menon darauf besteht, die Bedeutung von »Farbe« zu klären, formuliert Sokrates eine Definition von »Farbe« nach Art der Begriffsbestimmungen des Sophisten Gorgias, und Menon stimmt ihr zu. Nebenbei erklärt der Philo-

soph den Unterschied zwischen eristischen Gesprächen, die die Widerlegung des Diskussionspartners zum Ziel haben, und solchen, die, in freundlicherem Ton geführt, die Wahrheit finden wollen, den dialektischen Gesprächen (75c–d). Hierauf macht Sokrates einen weiteren Vorschlag einer Definition von »Figur« und bestimmt diese als »Grenze des Körpers« (76a). Auf Menons Wunsch bestimmt Sokrates dann »Farbe« unter Einfluss der physikalischen Vorstellung des Empedokles als »ein dem Gesichtssinn angemessener wahrnehmbarer Ausfluss von Körperflächen« (76d). Menon ist begeistert, während Sokrates dieser »theatralischen« Definition die zuerst formulierte vorzieht. Schließlich lenkt Sokrates das Gespräch wieder zur Frage nach der Bestimmung der Tugend zurück.

77b–79e: Menon formuliert daraufhin eine dritte Definition der Tugend. Diese bestehe darin, »Schönes zu begehren und es sich zu verschaffen zu wissen« (77b). Sokrates widerlegt, nachdem er den Begriff des Schönen durch den des Guten ersetzt hat, zunächst den ersten Teil dieser Definition: Alle Menschen wollten das Gute, niemand sei freiwillig schlecht; darin liege also kein Spezifikum der Tugend (77c–78b). Auch der zweite Bestandteil befriedigt Sokrates nicht, denn er sei mit demselben Makel behaftet wie die zweite Definition der Tugend als »Fähigkeit zu herrschen«: Auch die Bestimmung der Tugend als »Fähigkeit, sich die guten Dinge zu verschaffen«, bedürfe der zusätzlichen Bestimmung, dass dies auf gerechte Weise geschehen müsse (79a–b); Gerechtigkeit sei aber selbst eine Teiltugend, so dass hier erneut die Tugend durch einen Bestandteil definiert werde (78b). Unbekümmert und unbelehrbar möchte Menon das Gespräch weiterführen, Sokrates hin-

gegen will auf der Suche nach dem Wesen der Tugend neu beginnen (79c) – Menon weigert sich.

79e–81a: Das Gespräch scheint also in die Aporie geraten zu sein. Menon vergleicht Sokrates mit einem Zitterrochen, der jeden lähmt, der ihn berührt; Sokrates rechtfertigt sich: dass er andere in Aporie führe, sei nicht darauf zurückzuführen, dass er an Wissen überlegen sei, sondern darauf, dass auch er selbst in Verlegenheit gerate. Er sei aber zum gemeinsamen Weiterforschen bereit. Menon allerdings stellt das sokratische Prüfungsgespräch grundsätzlich infrage. Er fragt, wie man denn die Suche auf etwas richten könne, was man nicht kennt. Sokrates fasst diese Frage als Ausdruck des eristischen Arguments auf, dem zufolge man die Suche weder auf etwas richten könne, was man bereits wisse, denn was man wisse, brauche man nicht zu suchen, noch auf etwas, was man nicht wisse, da in diesem Fall nicht klar sei, wonach zu suchen sei.

81a–85d: Zur Entkräftung dieses eristischen Arguments, das in der Forschung zumeist als »Menons Paradox(on)« bezeichnet wird, stellt Sokrates, um das Gespräch gleichsam aus der Lähmung herauszuführen, die These auf, dass alles Lernen Wiedererinnerung an etwas sei, das sich die Seele vor ihrer Inkarnation angeeignet habe. Denn die Seele sei, so habe er von Priestern und Priesterinnen erfahren, unsterblich, werde immer wieder geboren und habe sowohl hier auf Erden als auch im Hades alles schon gesehen (81d). Weil alle Dinge in der Natur miteinander zusammenhingen (81c–d), führe bei einem, der mit Eifer und Beständigkeit zu lernen bereit sei, die Wiedererinnerung an das eine zum Auffinden des anderen; denn alles Lernen sei Erinnerung (81d). Die Frage nach der Sinnhaftigkeit der

Suche nach Unbekanntem sei eristisch und mache die Menschen träge (81d), die Lehre, wonach die Seele sich wiedererinnern könne, veranlasse die Menschen, sich auf die Suche nach der Tugend zu begeben (81e). Da Menon einen Beweis für die These, wonach Lernen Wiedererinnerung sei, fordert, ruft Sokrates einen von Menons Sklaven herbei und will nun zeigen, dass dieser Knabe völlig ohne Vorwissen in der Lage ist, ein mathematisches Problem zu lösen, indem er sich an schon Gelerntes erinnert. Das Problem besteht darin, ausgehend von einem gegebenen Quadrat zu bestimmen, wie lang die Seiten eines Quadrates sind, dessen Fläche doppelt so groß ist wie die des Ausgangsquadrates. Das Gespräch zwischen Sokrates und dem Sklaven nimmt folgenden Verlauf: Nachdem der Sklave zweimal eine falsche Lösung der gestellten Aufgabe formuliert hat, erkennt er sein Nichtwissen, ein Eingeständnis, das, wie Sokrates ausdrücklich festhält, die notwendige Zwischenstation auf dem Weg zum Wissenserwerb einnehme. Durch geschickte Fragen gelingt es Sokrates schließlich, dem Sklaven die richtige Lösung zu entlocken, die darin besteht, dass die Seitenlänge des gesuchten Quadrates der Länge der Diagonale des Ausgangsquadrates entspricht. Sokrates führt also dem diese Geometriestunde aufmerksam verfolgenden Menon vor Augen, dass der Sklave über richtige Meinungen verfüge, die sich wie im Traum in steter Bewegung befänden (85c) und durch gezielte Befragung zu Wissen verfestigt werden könnten (85c–d). Menon muss zugeben, dass die Seele schon im Besitz der Wahrheit war und diese durch beharrliche Anstrengung dem Bewusstsein zugänglich gemacht und freigelegt werden musste.

85d–86c: Sokrates verknüpft dabei (wie schon zuvor in 81a–e) die Wiedererinnerungslehre mit dem Thema der Unsterblichkeit der Seele. Zum einen wird damit die Möglichkeit der Wiedererinnerung begründet: Weil die Seele unsterblich und schon oft wiedergeboren sei, könne sie sich auch an schon vor ihrer Existenz Gelerntes erinnern. Zum anderen schließt Sokrates an das Gespräch mit dem Sklaven die Überlegung an, dass, da dieser sein Wissen offenbar nicht durch Lernen in diesem Leben erlangt habe, er dieses Wissen bereits vor seiner Geburt erworben haben und die Seele unsterblich sein müsse.

86c–89c: Weil Lernen als Wiedererinnerung möglich sei, müsse man, so Sokrates, mit der philosophischen Suche fortfahren und erneut fragen, was die Tugend sei. Menon beharrt jedoch darauf, auf die Ausgangsfrage nach der Lehrbarkeit der Tugend zurückzukommen; dem fügt sich Sokrates und schlägt vor, diese Ausgangsfrage mit der Hypothesis-Methode auch ohne eine Wesensbestimmung der Tugend zu beantworten. Sokrates illustriert dieses Verfahren am geometrischen Beispiel von einem in einen Kreis eingeschriebenen Dreieck (86d–88b). Dies kann durch eine geometrische Konstruktion geprüft und als Hypothese für weitere Überlegungen angenommen werden. Das gleiche Verfahren soll auch bei der Lösung der Frage nach der Lehrbarkeit der Tugend hilfreich sein. Notwendige Bedingung für die Lehrbarkeit ist die Hypothese (86e), dass die Tugend ein Wissen ist, denn Wissen ist evident lehrbar. Es sei also zunächst zu prüfen, unter welcher Voraussetzung die Tugend lehrbar ist, und dann sei diese Voraussetzung selbst zu untersuchen. Sokrates und Menon kommen überein, dass die Tugend, wenn sie Wissen ist (und nur dann),

lehrbar sei, so dass herausgefunden werden müsse, ob die Tugend tatsächlich Wissen ist. Dies sei der Fall, denn Tugend sei ein Gut und als ein solches nützlich; der Nutzen von Gütern hänge aber mit Wissen insofern zusammen, als Güter nur dann nützlich seien, wenn ihr Gebrauch mit Wissen einhergehe; daher schließe auch die Tugend, wie alles Nützliche, Wissen, und zwar Wissen im Sinne von Überlegung (φρόνησις/*phrónesis*) mit ein und sei lehrbar. Mit dem Nachweis der Lehrbarkeit der Tugend sei also auch gezeigt, dass diese den Menschen nicht von Natur aus zukomme.

89d–96d: Sokrates kann nicht davon überzeugt werden, dass die Tugend tatsächlich ein Wissen und daher lehrbar ist (89d). Denn dann müsste es doch auch Lehrer dafür geben. Die Frage, wer nun solche Lehrer der Tugend sein könnten, erörtert Sokrates zunächst mit dem neu ins Gespräch tretenden Anytos. Ebenso, wie man in anderen Wissensbereichen Lernwillige zu denjenigen schicke, die als Experten auf einem Gebiet anerkannt sind, solle man, so meint Sokrates, auch diejenigen, die die Tugend lernen wollen, zu den Sophisten, die sich als Lehrer der Tugend anböten, schicken. Das lehnt jedoch Anytos, ohne je einen Sophisten persönlich kennengelernt zu haben, entrüstet ab – die Sophisten seien doch nur Verderber der Jugend (92e). Jeder rechtschaffene Athener komme als Lehrer der Tugend eher infrage als ein Sophist. Darauf hält Sokrates Anytos vor, dass auch berühmte Feldherren und Politiker Athens wie Perikles, Themistokles, Aristeides und Thukydides, an deren Tugendhaftigkeit kein Zweifel sei, es nicht einmal vermocht hätten, ihren eigenen Söhnen die Tugend zu vermitteln (92e–95a). Also sei die Tugend, so

Sokrates, wohl doch nicht lehrbar. Anytos bricht aus Ärger darüber, dass Sokrates so schlecht über angesehene Athener spreche, mit dunklen Drohungen den Disput ab. Sokrates führt das Gespräch mit Menon fort, dessen Zweifel an der Lehrbarkeit der Tugend stetig zunehmen. Menon räumt ein, dass selbst Gorgias sich über den Anspruch der Sophisten, Tugend zu lehren, lustig gemacht habe und auch der Dichter Theognis in der Frage der Lehrbarkeit der Tugend zu keiner eindeutigen Antwort gekommen sei. Da, so Sokrates, weder die Sophisten noch diejenigen, die selbst Tugend haben, einhellig als Lehrer der Tugend anerkannt seien und auch die Dichter und Politiker die Frage der Lehrbarkeit der Tugend nicht eindeutig beantworten könnten, gebe es offenbar keine Lehrer der Tugend; Tugend könne folglich nicht gelehrt werden.

96d–100c: Das Gespräch droht abermals zu scheitern, denn Menon fragt verunsichert, ob es denn gar keine tugendsamen Männer gebe – oder wenn doch, wie diese dann ihre Tugend erworben hätten. Sokrates weist darauf hin, dass man im bisherigen Verlauf des Gesprächs von einem zu strikten Wissensbegriff ausgegangen sei. Dass in vielen Fällen nämlich richtige Meinung durchaus ausreichend, Wissen aber nicht unbedingt nötig sei, zeigt Sokrates an einem Beispiel: Natürlich gebe jemand, der den Weg nach Larisa selbst gegangen ist, einen guten Führer ab, aber auch wer nur eine richtige Meinung darüber habe, sei als Führer für diese Strecke zu gebrauchen; es könne also auch jemand, der der richtigen Meinung folge, tugendhaft werden und andere leiten. Auf die Frage Menons, worin dann der Unterschied zwischen Wissen (ἐπιστήμη/*epistéme*) und richtiger Meinung (ὀρθὴ δόξα / *orthè dóxa*) bestehe und

worin der höhere Wert des Wissen nun liege, erwidert Sokrates: Wissen sei eine richtige Meinung, die »an eine begründete Argumentation (αἰτίας λογισμῷ / *aitías logismô*), die durch erinnerndes Lernen (ἀνάμνησις/*anámnesis*) erworben werde, angebunden« sei, und müsse aufgrund dieser Stabilität des »Angebundenseins« als wertvoller angesehen werden als eine bloß richtige Meinung: Letztere werde nämlich schneller als Wissen »aus der Seele des Menschen entfliehen« oder könne, wie die sprichwörtlichen Statuen des Dädalus, davonlaufen. Nimmt man also an, dass Tugend ausschließlich durch Wissen oder richtige Meinung entsteht, und geht man des weiteren davon aus, dass die Tugend nicht gelehrt werden kann, da sie kein Wissen ist, müssen die angesehenen tugendhaften Männer Athens nur aufgrund von richtiger Meinung, also ohne Wissen, zur Tugend gelangt sein. Darin, dass sie das Richtige ohne Wissen treffen können – also ohne sagen zu können, warum sie es tun –, unterscheiden sie sich, so der irritierende Schluss des Dialogs, nicht von Orakelsängern und Wahrsagern; sie müssen als »göttlich inspiriert« gelten.

Inhalt

Anhang